四大文明探秘之旅（彩漫本）

古埃及 ①

文 图 【韩】萤雪

译 曹岚

四川党建期刊集团

四川民族出版社

序言

丰富多彩的 世界文化

　　古代的四大文明是指古埃及文明、古代中国文明、古巴比伦文明和古印度文明。除此之外，历史上还记载了玛雅文明、阿兹特克文明、印加文明等世界文明。

　　四大文明的发源地全部位于北半球，并临近一条大江，而且大部分处于温带地区，不仅气候好，土壤也很肥沃。虽然如今的中东地区大部分被沙漠覆盖，作为文明起源地时，气候与土壤却与现在截然不同。六七千年以前，中东地区的气候相比现在更加温和，降水量也相对较多。过去，印度河流域没有被沙漠覆盖，是一片葱郁的丛林。

　　此外，在墨西哥和秘鲁地区起源的玛雅、阿兹特克、印加文明为美洲大陆的文明奠定了基础。尽管因为起源时间较晚而没有包含到世界四大文明当中，历史却都很悠久。

用漫画重现的世界文明故事

本套图书通过漫画的形式，轻松地向各位小朋友讲述世界文明史的各种特点及共同点，帮助大家了解不同地区的文明是如何起源的，对我们现在又产生了什么样的影响。

各位小朋友，我们即将要启程去探索悠久的世界历史与传统文化，准备好了吗？

好的，那我们现在就出发吧！

友利

勇敢的模范少女

尽管偶然来到一个陌生的地方感觉有些紧张，但是因为能够看到平时只能在书本中看到的埃及金字塔和古代人的生活状态而感到非常开心。不过夹在两个淘气鬼之间，劝架劝得好辛苦！

出场人物

豆粒

充满好奇心的捣蛋鬼

由于他好奇心过度，带友利和志浩一起穿越到了古埃及。因为知识匮乏，经常被志浩捉弄。

志浩

自以为是的大魔王

尽管他是班长，但无论怎么擦亮眼睛，也绝对不会从他身上发现丝毫责任感。偶尔还会因为突然变成自私鬼而受到大家的斥责。

可可

无所不知的聪明博士

难道是因为整天待在博物馆里感觉无聊了吗？它把正在参观博物馆的友利、豆粒和志浩一起带到了古埃及，并为他们细心讲解古埃及的文明史。

目录

第一章
参观博物馆

也是,
看这些对你
也没什么帮助!

什么意思?
我怎么啦?

难道不是吗?你唯一
感兴趣的事情,就是
什么时候吃饭。

胡说!

嘟嘟

什么声音?

你们站在
那里做什么?
快点跟上队伍!

哒哒

是!

来了!

哒哒

嘿嘿!
就知道你会挨骂!

讨厌!

宏伟的金字塔是埃及文明的重要象征……

真无聊…

嗯?

闪

那是什么?

喂,你去哪儿呀?

你们不要再吵了，先把我救出来嘛！！

谁……谁在说话？

是谁？

是谁在说话吗？

这就是我要找的！

嗖

这是什么画？好像有点凹凸……

哪里？

闪

这……
这是哪里？

豆粒，
你身后……

豆……豆粒！

什么？
我身后怎么啦？

小……
小心！

啊……啊！

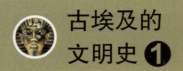

尼罗河的赠礼——埃及

尼罗河从赤道附近开始流入地中海，是世界上最长的河流。

尼罗河主要有白尼罗河和青尼罗河两条支流。从维多利亚湖起源的白尼罗河贯通了努比亚沙漠，从埃塞俄比亚塔纳湖起源的青尼罗河在苏丹喀土穆与白尼罗河一起汇入地中海。

尼罗河，古埃及人的家园

尼罗河为周边的人群提供了重要的水源。从维多利亚湖起源的尼罗河流入地中海需要 90 天的时间，在此期间为居住在河边上的人群提供了优质的水源。

沿着尼罗河下游继续向前就会出现宽广肥沃的三角洲，三角洲的黑黏土创造了一片肥沃的土地，即使不添加任何特殊的肥料，庄稼和水果也会生长得非常茂盛。由于大自然的赠礼，尼罗河流域诞生了人类最早的文明之一——古埃及文明。

尼罗河与埃及的日历

尼罗河的定期泛滥为古埃及

横贯埃及首都开罗的尼罗河

的科学发展提供了时间的参照，并以此为基础创造出了我们今天一直使用的日历。

　　公元前三、四千年，古埃及人看到尼罗河每年定期泛滥，因此创造了以365天为一年的日历。把一年分成12个月（每月30天），再把12个月分成播种期和收获期2个季节，然后把剩余的5天作为宗教节日，最后就变成了一年365天。

位于开罗的考古学博物馆

尼罗河对埃及交通的影响

　　自古以来，尼罗河一直是埃及重要的交通枢纽，也是穿过撒哈拉沙漠，唯一连接北非与南非内陆的交通枢纽。由于尼罗河的风常年逆流而吹，因此途经尼罗河的船只一年四季都可以借助尼罗河的反方向风力逆流而上。

尼罗河对埃及宗教的影响

　　尼罗河为埃及人树立了百世不可磨灭的思想与宗教信仰。生活在太阳每天照常升起，天空万里无云，广阔的沙漠与河水潺潺的尼罗河畔，埃及人认为灵魂也会永生。

　　尼罗河不仅为埃及人提供了物质保障，也为他们提供了精神资源。所以，尼罗河被埃及人视为母亲河。如此看来，历史学家希罗多德说"埃及是尼罗河的赠礼"确实并不为过。

第二章
穿越到古埃及

这到底是怎么一回事呀?

这里是埃及最大的金字塔——胡夫金字塔的建造现场。

我们没问你这个!我们为什么会在这里?

这……

好像是因为我……

你到底对我们做了什么?

快点把我们送回去!

你们!

唰

啊!

居然敢藏在这里偷懒!今天中午想饿肚子是不是!

这个建筑现场的规模真大哦……

是啊！听说这些奴隶都是被强制劳动的……看来埃及有很多奴隶……

大口

大口

奴隶？他们看上去一点都不像奴隶呀？

你到底懂不懂历史？埃及法老生前残忍地驱使奴隶为他建造奢华的陵墓！

你说错了！
在这些人当中，不仅有奴隶，也有普通百姓哦。

什……
什么？

哈哈哈！
装腔作势！

不对！
书上明明是这样写的！

哈哈，是的！
过去的确是这样说的。

人们认为金字塔是十万名奴隶受尽二十年的痛苦折磨建造而成的。

难道不是吗？

驱使奴隶是真的，但是也有很多普通百姓。

现在正是尼罗河泛滥的时期，普通百姓在这个时候通常都无事可做。

泛滥时期是什么意思？

尼罗河流域每年5~6月之间暴雨连连，河水横溢一直到9月。在这个期间，百姓们因为不能种庄稼而无事可做。这个期间就是泛滥期。

啊……
河水泛滥那么久，一定很不好过。

是啊……
看来，这个地方不太适合人居住。

其他国家的人也会这样想。

26

难道这里的人不是这样想的吗？

是啊！他们认为泛滥期是神赐予他们的祝福！

为什么？

因为，经过3个月的河水泛滥期之后……

哇！水退下去了！

从上流涌进来的肥土让这块土地变得更加肥沃了！

这里土地肥沃，即使不添加任何特殊的肥料，庄稼也会长得非常好。

哇！今年又是丰收年！

我们要祭拜神灵，感谢神灵赐予我们尼罗河！

河水泛滥还能丰收，也不算是坏事！

是啊，适当地避开河水泛滥的时间就行了。

可是，他们怎么知道河水什么时候会泛滥呢？

古埃及人的确知道尼罗河确切的泛滥时间哦！

真的吗？怎么可能呢？

与其他文明古国的江河不定期暴发洪水不同，尼罗河的泛滥时间非常有规律……

嗯！河水每次泛滥的时间相距365天……

是啊！回想过去的几十年，河水泛滥的时间似乎都差不多！

这么说，只要我们每天做下记号，就能准确地掌握下一次泛滥的时间了！

所以，数千年以前，古埃及人就创造了日历。

一年分为 365 天……

然后，分成 12 个月……

这么说，我们现在使用的日历也是古埃及人发明的了？

实在太了不起了！

现在我们使用的日历，是经过日后几经补充完成的。但是，这是古埃及文明奠定的基础，是他们赠予人类的礼物之一！

我以为埃及人只会建造神秘的金字塔而已……

是的，画着好多奇怪图画的坟墓……

是很奇怪……

小朋友，千万不要小看古埃及文明哦！古埃及文明和美索不达米亚文明一样，是历史最悠久的文明之一！

从刚才开始一直不停地说什么文明，文明！埃及就埃及，为什么要说成是埃及文明呢？

所谓的文明，并不局限于哪个国家，文明的发源地对周边的国度也产生了很大的影响。准确地说，应该是人类历史上最深的渊源。

这么说，沿着韩国的历史顺藤摸瓜，最终也可以找到有关埃及文明的记载吗？

那倒不是！韩国在四大文明中受到的是黄河文明的影响。

等等！不是说埃及文明是人类历史上最深的渊源吗？

我只是说渊源，又没有说是全部！

刚刚我们看到的是四大文明吗？

没错。古埃及文明、古巴比伦文明、古印度文明、古代中国文明。

那么，四大文明的共同点是什么呢？

四大文明还有共同点？

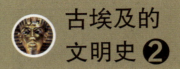

埃及的历史

　　埃及是公元前5000年左右在尼罗河流域诞生的古代文明之一。从古代法老王朝到古王朝、中王朝、新王朝时期到古希腊、古罗马和伊斯兰教统治时期，再到法国侵略，一直到1922年从英国的殖民统治中独立出来，埃及有着悠久的历史。

法老时代

古王朝（公元前27世纪~公元前22世纪）

　　指第一王朝到第十王朝，首都位于孟菲斯。第一王朝美尼斯作为埃及的第一任法老，统一了上下埃及；第三王朝的左塞尔最初建造了阶梯式的金字塔；第四王朝的胡夫、哈夫拉、门卡拉则在吉萨建造了金字塔。

中王朝（公元前21世纪~公元前17世纪）

　　指第十一王朝到第十七王朝，首都位于底比斯（现在的卢克索）。第十一王朝的门图霍特普二世重新统一了上下埃及；第十二王朝的辛努塞尔特三世平定了地方贵族，并确立了中央集权体制。直到公元前1670年被希克索斯统治。

新王朝及后期王朝（公元前1539年~公元前332年）

　　指第十八王朝到第二十七王朝，首都位于安

拉姆西斯二世

曼。古埃及的第一任女王哈特谢普塞特在底比斯建造了第一座神庙；第十九王朝的塞提一世征服了亚洲，他的儿子拉姆西斯二世建造了阿布辛贝神庙。

古希腊、古罗马时代

托勒密王朝（公元前305年~公元前30年）

指托勒密将军建立的王朝，首都亚历山大城是希腊文化的中心。

罗马帝国（公元前27年~公元395年）

罗马帝国的屋大维打败了安东尼与埃及女王克里奥帕特拉组建的联盟军，把古埃及变成了罗马的附属国。基督教的流入导致传统宗教衰落。

伊斯兰时期

伊斯兰教统治时期（公元640年~公元1805年）

大马士革和巴格达王朝的伊斯兰军队占领埃及之后，进入了伊斯兰总督的统治时期，很多基督教徒都改信了伊斯兰教。从1517年开始，被奥斯曼土耳其统治。

近代

埃及殖民地时期

1798年~1801年，拿破仑占领并统治埃及。土耳其王朝派穆罕默德·阿里将军前往埃及建立抗击拿破仑统治的基础设施，却因为建设苏伊士运河等大规模国土开发事业导致负债累累。一直到1922年从英国的殖民统治中独立出来，埃及一直上演着殖民地的角色。

独立以后至现在

1922年从英国的殖民统治中独立之后，埃及正式加入了国际联盟组织。1952年人民起义废止王权，成立了阿拉伯埃及共和国。

第三章
四大文明的发源地

古代中国文明

古埃及文明

古巴比伦文明

古印度文明

额……

啪

古代中国文明

古巴比伦文明

古埃及文明

古印度文明

看，这个就是四大文明发源地的地图。你们可以在上面找一找共同点。

哇！密密麻麻的！

纵观全世界的四大文明，到底有什么共同点嘛！

首先，人种就不同嘛！

不是让你们找出人种或文化的共同点，而是让你们找一找发源地的共同点。

河流！是河流！

河流？

什么河流？

哈哈，没错！四大文明发源地之间最大的共同点就是河流！

埃及是尼罗河；美索不达米亚是幼发拉底河；印度是印度河；古代中国文明自然是黄河喽！

但是，河流有什么特殊意义吗？

靠近河流说明水资源非常丰富。水资源丰富说明种地很方便呀！

也对，过去都是靠种地生活的。

是啊，食物应该是最重要的问题。

当然了！过去的人，第一是种地，第二还是种地！

连四大文明的共同点都不知道，还夸夸其谈！

闭嘴！我只是一时忘记而已！

奇怪！为什么只有靠近河流才方便种地呢？其他地方不是也有很多河流吗？

对啊，难道世界上只有这四条河流吗？

不是还有汉江吗？

当然不是啦！这些江河除了流域最大之外，还有其他特点。

这些江河的所在位置，都是气候温暖、土质黏稠的地区！

而且，上游的优质土壤都会伴随洪水冲刷而来，使庄稼收成变得非常好！

庄稼好食物就会富足，理所当然吸引了很多人前来定居。

听说这个地方的收成特别好！

是啊，据说年年丰收，年年有余！

你们就放心搬过来吧！

随着人口逐渐增多，形成了一个很大的部落。

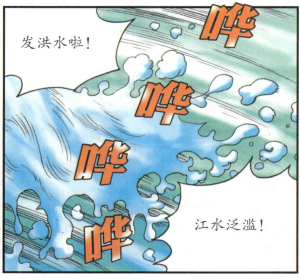

发洪水啦！

哗

哗

哗

哗

江水泛滥！

奇怪，洪水以前从来没有漫延到村子啊……

不行！我们一定要提前做好防洪的准备！

对！不能就这样放弃这块好地方！

大家开始筑堤防水。

还做好了排水通道。

希望以后不会再遭受洪灾了！

人口多了，难免鱼龙混杂。

哈哈哈，这群笨蛋！辛辛苦苦为了什么呀！

我要好好休息一下下，然后轻轻松松地去种庄稼。

嗖

40

随着相互合作的事情增多，开始出现了统治阶层……

随着小村庄越聚越多，变成了城市……

这些城市相互合并，变成了一个国家。

人类开始迈向文明阶段。

仅此而已吗？

就是！

仅此而已？
你指什么？

我以为诞生了文明，
会发生更多精彩的事……

没错！就像我们国家的
建国神话一样，多富有
幻想色彩呀……

建国神话？

难道你不知道建国神话？
就是传说中，建立高句丽
的朱蒙王是天地之子解慕
漱和河伯之女柳花的儿
子。

哦，
当然知道……

你们居然躲在这里偷懒?

啊!

你们这些懒鬼!午休时间过了这么久,居然还在这里偷懒!是不是想挨打啦?

不……不是的。

我们……我们现在就去干活!

等等!

刚才,看你们的穿衣打扮我就觉得奇怪……你们不是埃及人对不对?

什么？
不是你让我们逃到
金字塔里吗？

那是因为……
我觉得这里总比荒凉的
沙漠强得多呀！

倒是想想办法呀！

都是因为你，
我们才穿越到这里！
你要对我们负责！

干吗都冲着
我来……

快！他们在那儿！

快追！

抓住他们！

快，快……
奥西里斯神的壁画后面有一个暗道！

奥西里斯神是谁？

那边，在那边！

用力推！

咦？

轰隆隆

咻！

啊

啊

啊

啊！

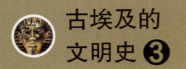

古埃及的文字

象形文字

　　古埃及的文字叫作"象形文字"，源自于希腊语中"神圣"、"镌刻"的意思。象形文字是埃及人从公元前3000年左右开始使用的一种文字体系，分为圣书体、僧侣体和通俗体。僧侣体和通俗体是圣书体的另一种演变形式，文字体系本身是相同的。

罗塞塔石碑

　　罗塞塔石碑是1799年法军为了防御英军的强烈攻击，在埃及尼罗河三角洲北部的小城罗塞塔建造城池时发现的。石碑用高114

象形文字的字母表

A		F		K		P		U		Z	
B		G		L		Q		V		SH	
C		H		M		R		W		CH	
D		I		N		S		X		KH	
E		J		O		T		Y			

象形文字的数字表

1		10		55		1,000		10万	
5		50		100		1万		100万	

厘米、宽 62 厘米、厚 28 厘米的玄武岩制作而成。

罗塞塔石碑

　　罗塞塔石碑从上而下依次刻有古埃及的象形文和通俗文，以及希腊文的碑文。

　　1814 年，英国名医、埃及学家托马斯·杨（1773 年~1829 年）破译了罗塞塔碑文中的通俗文字。1822 年，法国的埃及学家商博良（1790 年~1832 年）又成功破译了碑文中的象形文字。根据商博良的破译显示，罗塞塔石碑是公元前 196 年建造的托勒密五世的功德碑。

　　如今，英国大英博物馆收藏的罗塞塔石碑为破解古埃及象形文字提供了重要线索，对促进埃及学的发展具有重大意义。

古埃及的护符

圣甲虫：俗称蜣螂、屎壳郎，在古埃及用于印章和护符。古埃及语中的圣甲虫"Kheperer"与含义为"产生，再生"的"Kheper"发音相似，因此被崇奉为创造天地的神灵"Kheperi"。

荷鲁斯之眼，乌扎特：古埃及人认为荷鲁斯之眼象征太阳（右眼，白色）和月亮（左眼，黑色）。荷鲁斯的左眼乌扎特象征着完整、远见、富饶。这个符咒是源于荷鲁斯从赛特手中夺回自己的眼睛，被杀害的奥西里斯重新复活的传说。

T 形十字架：十字架寓意"生命"或"生存"，是古埃及最有名的象征品。奥西里斯死后，他的妻子伊西丝向太阳神虔诚祈祷，智慧之神多特赐予她象征生命与健康永恒的十字架，并告诉她十字架可以让奥西里斯复活。

第四章
走进神话

这是什么地方？

我们刚刚不是在古埃及吗……

我们好像在沙漠里……

咦？这里不是埃及神话发生的地方吗？

埃及神话？

我们穿越到更久以前了吗？

我只知道壁画后面有一个暗道，却没想到是通往神话的……

现在不是你感叹的时候!

说好让你把我们送回家,你怎么把我们带到更远的地方来了呢?

人家又不是故意的!

不用解释了! 快点把我们送回家,你这个妖怪!

什么?

志浩,你的话有点过分了。

人家叫可可,不是什么妖怪!

可可，别哭！志浩只是一时心急才那么说的。

呜

坏蛋，居然把可可弄哭了……

我，我也是因为心急嘛……

知道了！我这就想一想回去的方法……

我说，我们已经来到这里了，就索性看一看埃及神话再走吧。

看神话？

对呀！看一下和我们国家的神话有什么区别……我想一定很有趣！

埃及神话？当然很有趣！还能帮助你们进一步了解古埃及文化……

哦？

那我们快去看看吧！

但是，我们要回家呀……

我们走吧，快一点！

哈哈，好的！

很久很久以前，大地之神盖亚和天空之神乌拉努特结婚并共同治理天下。

嗯……真苦恼，真难办哦！

亲爱的，你在为什么事苦恼啊？

原来不是 360 天，一年有 365 天。

那又怎么样？

今天是第 360 天，但是距离新年居然多出了 5 天的时间。

哦，是真的哎！
这是怎么回事呢？

嗯~...

估计是计算
上出现了问题。
怎么办呢？
世人一定会
嘲笑身为神人的
我们……

不用担心！
我们今天要诏告天下，
从今天开始是
神赐的宗教节日，
为期五天。

在这五天里，大家
可以不用劳作，尽
情地吃喝玩乐。

这是一个不错的想法！
努特，你真是太聪明了！

嗒

呵呵呵，看来无论是人
还是神，都是女生比较
聪明的哦。

你神气什么？

从此以后，埃及人在这五天里尽情享受着节日的快乐。

让我们尽情畅饮吧！

哈 哈 哈

这是神的恩赐！

与此同时，努特在这五天的时间里，每天生下一个宝宝！

老大，
奥西里斯！

老二，
大霍鲁斯！

老三，
赛特！

老四，
伊西丝！

老五，
奈芙蒂斯！

亲爱的，
辛苦了！

累死我了……
至少老了五百岁。

那么辛苦吗？

五天生下五个孩子，
你说呢？

我们决定从今天开始到天国隐居！

所以，我们要把埃及交给你们统治！

哦？交给我们？

我们五个人一起吗？

奥西里斯与伊西丝结婚，并成为王与王妃。

那我就是这个国家的帝王了吗？

哎呀，真难为情哦……

那我呢？

赛特，你要协助哥哥打理国家大事！

哼！我才更适合做国王！

等一下！奥西里斯和伊西丝不是兄妹吗？

兄妹怎么能结婚……难道是神就可以不顾天伦了吗？

并不是因为是神才这么做！自古以来，古埃及王室的兄妹通婚是一个很普遍的现象！

古埃及人真奇怪！

也不是古埃及人奇怪……古代王国为了确保王室纯正的血统,家族之间通婚是一件很自然的事情。

再怎么说……

太不可思议了!

成为新统治者的奥西里斯教会了古埃及人很多事物。

想不到按照奥西里斯大王的方法进行耕地和播种,庄稼收成会这么好!

从此以后,我们可以固定在一个地方生活,不用再继续奔波了,真是太幸福了!

收获之后,我们一定要为他们敬献祭礼,表达我们的感激之情!

伊西丝,我可能要离开王宫一段时间。

您要去哪里?

我要巡视全国,亲自视察百姓们的生活状况。

我们国家现在正值太平盛世，您何苦亲自巡视呢？

正因为如此，才更需要亲自去看一看！我不能容许任何一个人没有享受到这样的和平与幸福！

您真是爱民心切，太伟大了！

哈哈哈，身为国王当然要爱护我的国民才是！

善良仁慈的奥西里斯受到了古埃及百姓们的忠诚敬爱！

奥西里斯国王万岁！

法老万岁！

哈哈哈！

噢 噢 噢 噢

即使这样，奥西里斯仍有敌人……

只因为是长子就继承王位，太不公平了！

我不如奥西里斯的地方，仅仅是我比他晚出生了两天而已！

没错！法老应该是像赛特一样的伟大领袖！

奥西里斯身在法老之位，表现得太过仁慈了！

我就是这个意思！真是太可恶了！

您不能光顾着生气，要想个办法才行！

办法吗……

我是说消灭奥西里斯，赛特大王您成为法老的办法。

哦，你有什么好办法吗？

我们可以这样……

好，就照你说的做！

什么？消灭奥西里斯？不会是……

刚才是兄妹通婚，现在是弟弟想要谋权篡位……这个家庭还真是一团糟！

不要打岔嘛！

毕竟只是神话而已！

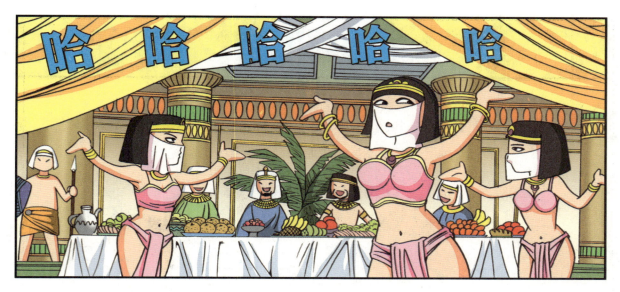

哈 哈 哈 哈 哈

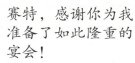
赛特，感谢你为我准备了如此隆重的宴会！

您出去这么久才回来，当然要为您接风才是！

我有个东西想要请您过目！

什么东西？

把东西呈上来！

是！

罚

古时候，埃及人笃信死后也可以在极乐世界永生。
从而形成了一种习俗，就是在生前为自己准备一副豪华的棺椁。

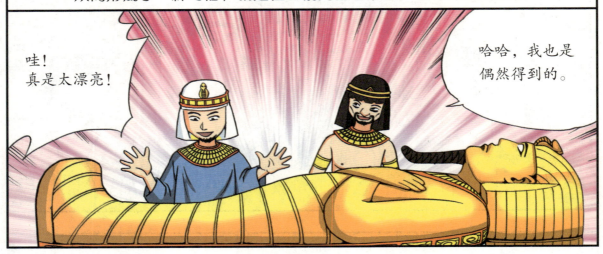

哇！
真是太漂亮！

哈哈，我也是
偶然得到的。

这副棺椁真的
是太完美了！

您是在哪里买的呀？

就算耗费巨资，
也想拥有这样的
棺椁！

哈哈哈，既然
大家都这么喜
欢……我决
定，谁躺进去
最合适，我就
把这副棺椁送
给谁！

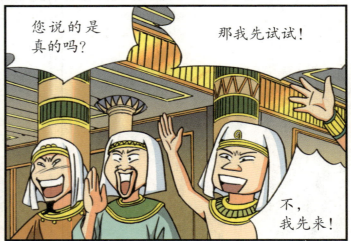

您说的是
真的吗？

那我先试试！

不，
我先来！

66

呃!

哼哧
哼哧

唉! 可惜我……

我来!

我来!

大哥,
您也试试吧!

好吧!

哇,
正好哎!

噗哧

是啊,
就像是为您
定做的一样!

哈哈哈！
从今以后，
埃及的法老将是
我——赛特大王！

真是个坏蛋！

像他这样
罪大恶极的人，
怎么能当王……

不会就这样结束了吧？

当然不会就这样结束。
每个人冤死之后，
都会出现一个
为他报仇的人。

谁会来为他报仇呢？

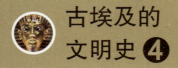

古埃及的守护神

拉：最初创造了宇宙，统治了
神和人类，升入天堂之后创
造了世界。拉神象征的是太
阳，很早就成了各个地方羡
慕的对象。随着第五王朝赫
里奥波利斯（太阳之都）的
拉神在全世界占据了较高的
地位，王的称号也开始使用
"拉神之子"的名字。

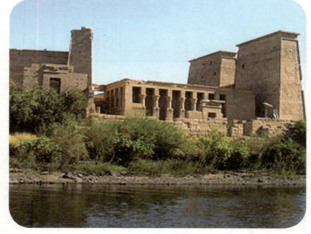

伊西丝神殿

努特：天空之女神，是太阳神
拉的女儿、盖亚的妻子，奥西里斯、大霍鲁
斯、赛特、伊西丝、奈芙蒂斯的母亲。

盖亚：大地之神，统治地上万物。

奥西里斯：古埃及植物与大地之神，象征富饶。虽然被弟弟赛特杀害，
复活后依然是死亡判官。

伊西丝：象征伟大的妻子和母亲之神。

荷鲁斯：形象是鹰（隼）头的太阳神，是死亡与复活之神奥西里斯和最高
女神伊西丝之子；爱的女神哈索尔的丈夫。

哈索尔：天空、爱、喜悦、婚姻、舞蹈之女神。

赛特：被称作恶魔之王的恶神。通常以半人半兽的恶魔，白皮肤上长有埃及人最讨厌的红色毛发的形象出现。

奈芙蒂斯：奈芙蒂斯是"生育之神"的意思，通常以蛇身女性，或者站在石棺旁边与伊西丝一起张开长翅膀的形象出现。

阿努比斯：是死者前往死后世界的守护神，用称衡量死者的心脏，并裁定死者生前的行为。

阿蒙：原来是底比斯地区的神灵，埃及统一之后与太阳神拉一起，统称为"阿蒙拉"。

奥西里斯神像

卜塔：统治孟菲斯的最高神灵，与妻子塞克荷迈特以及儿子奈夫图共同成为孟菲斯的三神。传说神灵、人类、家畜等所有生物都来自卜塔的心脏和舌头。

塞克荷迈特：母狮之神，通常以一半是女性、一半是狮子的可怕形象出现。

奈夫图：农作物的守护神，治愈疾病的医神。

索贝克：长着鳄鱼头的神灵，通常被靠近水域的深林部落崇拜。在克罗科第洛波里，人们用宝石装饰在鳄鱼的身上，并且放在荷花池里进行饲养。

贝斯：驱除恶魔之神，通常以头部是狮子、身体是侏儒的形象出现。

透特：智慧与正义之神。原本以为只是主管计算日历的神灵，后来变成了诞生科学、艺术、医学、数学、天文学、占星术等知识与智慧的学问之神。而且，因发明了语言与文字而被称为记录、翻译之神。

第五章

奥西里斯神话

听到姗姗来迟的消息，伊西丝忙不迭地到处寻找奥西里斯的棺柩

呜呜，亲爱的！

多少次我一直在提醒你，务必要提防卑鄙的赛特……

鸟儿啊，鸟儿！

伊西丝王妃，您是在叫我们吗？

是的，我有事要问你们。

您是在找奥西里斯大王的棺椁吗？

是的！你们知道他的棺椁在哪里吗？

是的，他的棺椁已经流入黎巴嫩的比布鲁斯海岸了。

扑棱　扑棱

幸好被海边的柳树拦住，并没有流走。但是……

柳树以惊人的速度疯长，已经包住了棺椁。
这时，梅尔坎图斯正好途经此地……

噜噜痴长

哇，这棵树长得真雄壮，正好适合做新建宫殿的顶梁柱！

难道说，那棵树已经变成了宫殿的顶梁柱？
现在要怎么办才好……

虽然，伊西丝来到了奥西里斯棺柩所在的那座宫殿，
却只能无可奈何地在宫殿附近徘徊。

这里是我力所不
及的地方……
要怎么做才能找
到我的丈夫……

最近，宫内充满了迷
人的香气，到底是从
哪里传来的呢？

几天前，有一个女人一直徘徊在
皇宫附近，据我们所知，这股香
气是从那个女人身上发出来的。

哦？赶快去把那个
女人带上来，我一
定要见见她。

嗯，长得很端庄。
既然你无处可去，愿意留在
皇宫里照顾王子吗？

谢谢王妃!
我会尽心尽力地照顾王子。

从那天开始,伊西丝成了王子的乳娘,
留在皇宫里照顾王子。

宝贝儿,
看到你不得不让我
更加想念我的
儿子荷鲁斯……

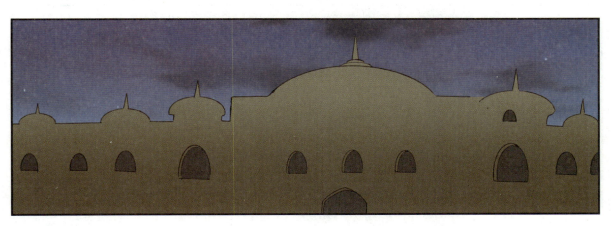

反正睡不着,
还是去看看王子吧!

啊! 王子!

王子！

王妃殿下！

啪

你为什么要用火烧死王子……忘恩负义的家伙！

王妃殿下，您误会了！

我只是希望王子殿下能够永生。如果不是您冲进来，相信王子殿下已经可以永生了。

让王子永生？……你凭什么？

伊西丝为王妃讲述了自己的经历。

其实……我是埃及王妃伊西丝。

什……什么？

76

这……这么说……你所说的棺柩就在我们皇宫里？

是的，就在这个皇宫中心顶梁柱之中！

那要怎么办？如果把中心顶梁柱拆下来，整座皇宫就会坍塌……

如果能够得到您的允许，我保证可以万无一失地拆下那根柱子！

好吧！我允许你取走那根柱子！

得到了王妃的允许，伊西丝如约拆下柱子，并在柱子里找到了棺柩。

奥西里斯，奥西里斯！

呜 呜 呜

回到埃及的伊西丝小心翼翼地把奥西里斯的棺椁藏在树林里。

先把荷鲁斯带来见见他父王吧！如果让赛特知道棺椁藏在这里，他一定不会放过我。所以，暂时藏在这里比较安全。

我……我总觉得不安全。

是啊，会不会藏得不够好？

我感觉早晚会被发现。

呵呵，你们猜得没错！

哼！

呼啦

伊西丝，居然让你找到了奥西里斯。但是，这一次我一定会让你永远都找不到他。

赛特把奥西里斯的尸体分成了十四块，并肆意地抛洒在了尼罗河畔。

伊西丝只找到了奥西里斯的十三块尸体残片，始终未能找到最后一块。

对不起，我们并不知道那个是奥西里斯大王，所以……

呜呜呜，奥西里斯，你怎么会成为鱼儿们的盘中餐？

葬礼结束之后，奥西里斯的灵魂变成了死亡判官。

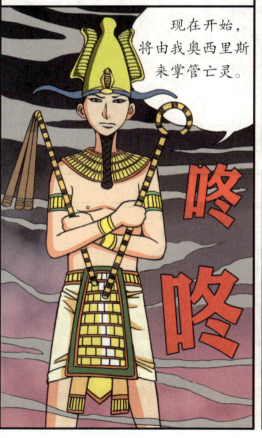

现在开始，将由我奥西里斯来掌管亡灵。

咚
咚

母后，从今天起儿臣将用功习武，努力为父亲大人报仇！

好的，我的儿子真是了不起！

奥西里斯每晚都会指导荷鲁斯习武。

快点，再快一点！

唰唰

嗖嗖

嘿！嘿！

不久之后，荷鲁斯长大成人……

荷鲁斯，今天我要问你两个问题。

是，父王！

你认为，对你来说最重要的是什么？

就是要为您和母后报仇雪恨！

你认为，在战场上狮子和马哪一个更有用？

儿臣认为马更有用！

因为，马不但非常听从指挥，还能够围堵逃跑的敌人。

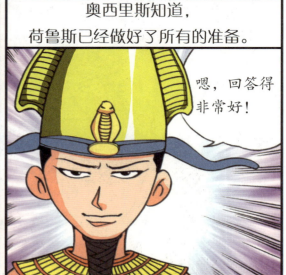

奥西里斯知道，荷鲁斯已经做好了所有的准备。

嗯，回答得非常好！

荷鲁斯开始召集原班人马，准备攻击赛特。

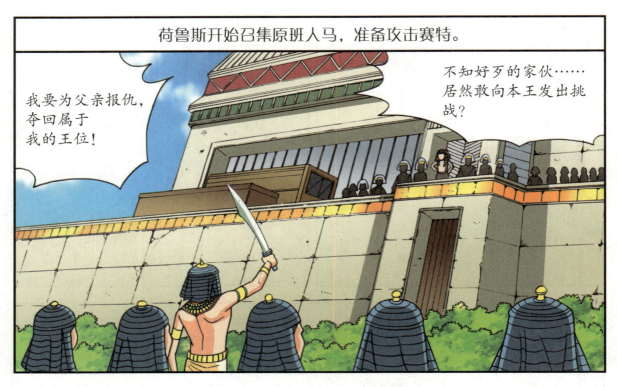

我要为父亲报仇，夺回属于我的王位！

不知好歹的家伙……居然敢向本王发出挑战？

王位原本就该属于我，奥西里斯的儿子荷鲁斯！

啊

杀死这个张狂的家伙！把这些邪恶的叛徒们给我赶出去！

冲啊

这场为了报仇和夺回王位的战斗持续了好几天。

结果，被荷鲁斯军队打败的赛特逃到了神灵那里。

赛特的军队逐渐被荷鲁斯打退，雪上加霜的是就连他的妻子奈芙蒂斯也抛弃他，投奔了荷鲁斯。

结果，被荷鲁斯军队打败的赛特逃到了神灵那里。

荷鲁斯，请你冷静一下！

是不是应该先把事情的经过讲清楚？

赛特残忍地杀害了自己的亲哥哥，也就是国王的奥西里斯，并且抢占了王位。他应该为此付出代价，受到相应的惩罚！

身为国王，应该具备强大的力量。

我只是夺回了原本就该属于我的王位而已。

你说什么？

奥西里斯是由地神父亲与天神母亲正式任命为王的！

忤逆父母之意，杀害亲哥哥的赛特根本没有资格胜任国王之位！

伊西丝说得没错！应该由荷鲁斯成为埃及的国王！

赛特，你赶快把王位还给荷鲁斯，然后离开这里。

怎么这样……哼……

母后！

荷鲁斯，我的好儿子，你真是太了不起了！

就这样，荷鲁斯为父亲报了仇，并成为古埃及新一代的国王。

向国王挑战之人，必死无疑！

我的儿子，太棒了！

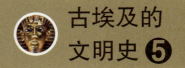
古埃及的建国神话

神之母——伊西丝

太初，有一片被称之为"眼睛"的大海（尼罗河），在那片海里诞生了阿顿。阿顿与太阳神拉都是地位最高的神灵。阿顿自我繁衍生下了盖亚、休、泰芙努特、努特，四个人相互争斗，盖亚成了大地之神，休和泰芙努特成了空气和鱼水之神，排行最小的努特成了天空之神。

后来，大地之神盖亚与天空之神努特结婚，生下了奥西里斯、大霍鲁斯、赛特三个儿子和双胞胎女儿伊西丝和奈芙蒂斯。他们长大之后，伊西丝成了奥西里斯的妻子，奈芙蒂斯成了赛特的妻子。

奥西里斯与伊西丝成了国王与王妃，共同统治埃及。

有一天，奥西里斯国王从很远的地方外出回来，弟弟赛特在自己家准备了一场隆重的晚宴为哥哥接风。奥西里斯如约来到赛特的家，尽情地吃喝玩乐。当晚宴接近尾声之际，赛特拿出了镶满宝石的棺椁，并且向奥西里斯说：

"由于没能找到合适的人选，因此至今都不能当作礼物送给别人。如果国王愿意尝试一下，我愿意送给您。"

"哦？那我躺进去试一试。"

奥西里斯国王无法拒绝弟弟的好意，半开玩笑地躺在了棺椁里。突然，赛特的手下冲出来迅速盖上了棺盖，并且钉上了钉子。

瞬间被关进棺椁里的奥西里斯国王，被赛特的手下扔进尼罗河不幸身亡。

当时，伊西丝王妃怀着奥西里斯的孩子。因为迟迟不见丈夫回家，她便到赛特家看个究竟。但是，赛特却谎称自己也没有见到过奥西里斯。

伊西丝

几天之后，听闻赛特背叛奥西里斯，并将他杀害在棺椁里的消息以后，伊西丝开始苦苦找寻奥西里斯的棺椁。伊西丝找了很多天，终于找到了奥西里斯的棺椁。

由于到处都是赛特和他手下的眼线，伊西丝只能把奥西里斯的棺椁藏在树林里。然后，她小心翼翼地摆脱赛特的视线，等待腹中婴儿的降生。

然而，赛特一行人在月夜打猎的途中发现了奥西里斯的棺椁。他们将奥西里斯的尸体剁成了十四块，并再次扔进了冰冷的尼罗河里。伊西丝又一次痛哭着找寻奥西里斯的尸块。

悲痛欲绝的伊西丝终于生下了奥西里斯的儿子"荷鲁斯"。荷鲁斯从小到大一直看到母亲沉浸在丈夫含冤而死的痛苦之中，所以他决心要打败赛特，为父亲报仇。

伊西丝通过儿子荷鲁斯成功地打败了赛特，并被赞扬为神之母。因此，伊西丝不仅是埃及之神，其名还迅速传遍了希腊和罗马。

第六章
金字塔的诞生

哈~~~

约公元前5000年，随着尼罗河河畔出现了许多城邦，文明也开始逐渐发达。

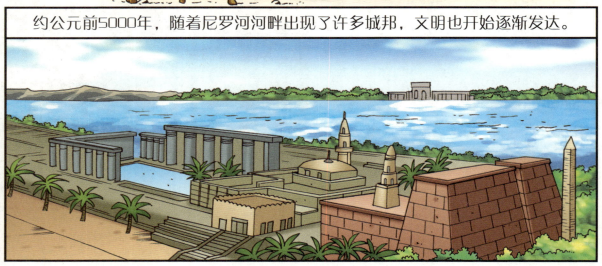

约公元前3100年，
最初的王朝诞生了。

从今天开始，我美尼斯就是埃及的国王！

接着，又建立了另一个王国……

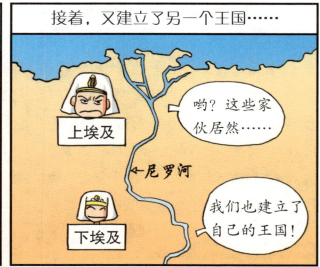

上埃及

下埃及

尼罗河

哟？这些家伙居然……

我们也建立了自己的王国！

他们为什么要学我们的做法？

或者，我们干脆吞并他们如何？

没有必要在尼罗河河畔建立两个国家……

美尼斯立刻攻打了下埃及……

是谁在冒称国王？

你说什么？我们也同样热爱和平！

他轻松地统一了上下埃及。

所以，我美尼斯不仅是最初的国王，还建立了最初的统一王国。

等等！

呼呼！

统一王国建立以后，文明开始迅速发展。

当时，不仅使用象形文字，还使用僧侣文字。

象形文字主要是用在纪念碑上，记录伟大功绩。

日常生活中书写信件或记账时，主要在纸莎草纸上书写僧侣文字。

日益发展的古埃及在公元前2600年第三王朝的第二代国王左塞尔登上王位之后，发生了新的变化。

国家和平导致王室权威薄弱。

你们要找到一个扩大王室权威的办法！

埃及人自古笃信太阳神。如果能够利用这一点，肯定会收获不小！

哦，没错！没有什么比宗教更可靠！

嗒

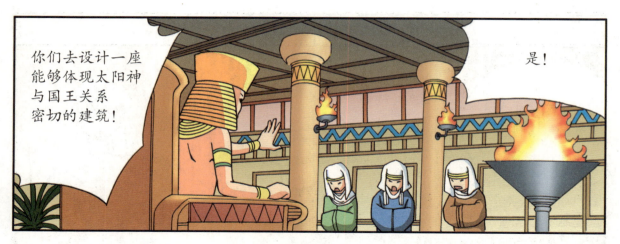

你们去设计一座能够体现太阳神与国王关系密切的建筑！

是！

当时身为宰相的伊姆霍提普开始设计一座有史以来最大的陵墓。

无论如何，宏伟壮观的陵墓才是权力的象征！

最初建造的金字塔与后世建造的相比，规模要小得多。

而且，形状呈阶梯状，与通常看到的金字塔不太一样。

后来，所有的国王通通效仿左塞尔，开始建造规模庞大的陵墓。

我的陵墓一定要大！

哼

我要建造一个比父亲更大的陵墓！

金字塔的建造到了第四王朝胡夫王时期到达了顶峰。

在当时宗教与政治未能明确区分的时代背景之下，
神话般的王权占据了绝对优势。

因胡夫王的命令，计划建造的金字塔规模超乎了想象。

嗯，我很满意！马上动工！

召集国内所有的奴隶和农闲期的农民！

我们要开工建造伟大法老胡夫王的金字塔！

是！

该工程动用了十万名工人。

到底是什么工程，居然需要这么多人？

是啊，我们部落所有的年轻劳力都来了。

我们的部落也是。

熙熙　攘攘　七嘴　八舌

虽然动用了如此之多的劳力，仅仅搬运建造金字塔的石头和铺设路面就花了十年的时间。建设金字塔的现场附近并没有石头，需要从很远的地方搬运到这里，可是一块石头的重量就超过了2.5吨，需要很多劳力才能搬过来。

由于当时并不懂得利用畜力车，所以人们只能用杠杆和滚杠进行搬运。不仅耗费时间，建造工人的辛劳也超乎想象。

尽管利用十年的时间，历尽千辛万苦把石头搬运完，工程却才刚刚开始。

而垒砌石头又花了整整十年的时间。

嗨 哟 嗨 哟

再加把劲!

这么说,一共花了整整二十年的时间?

仅仅为了建造一座陵墓?

这么多人还花费了这么久?

是的,十万名的劳力每三个月换班一次,几乎没有休息时间。

听着都觉得喘不过气来了。

看来古埃及人都很善良,换作是我早就罢工了。

工作太辛苦，难免有怨言。但是，正因为他们崇尚法老是神灵，所以任何人都不敢违抗。

胡夫王的时代，更加强化了法老的神话色彩。

我是太阳神之子，是唯一的神灵！祭拜其他神灵毫无意义！

你们要关闭所有的神殿，只敬拜我一个人，要尽全力去建造金字塔！

我会死而复生，我就是奥西里斯神！

只有建一座雄伟的宫殿，法老死后才会继续保佑我们这些百姓。

他会帮我们控制尼罗河的泛滥，保佑我们年年丰收。

所以，我们不能偷懒，一定要认真建造金字塔。

正因为坚定的信仰，古埃及人才成功地建造了规模如此庞大的建筑。

规模如此庞大的建筑不仅需要很多劳动力，还需要更多的财力。

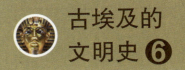

古埃及的木乃伊

木乃伊

　　木乃伊是人为地将人或动物的尸体制作成干尸，尽量保持接近于生前的模样。制作木乃伊的风俗在古埃及非常盛行，古埃及人会将法老等身份高贵的人的尸体制作成木乃伊。因为他们笃信法老死后的灵魂依然会回到现实世界，只有保存好他的肉身才能让他复活。

　　木乃伊一度被说成是一种灵丹妙药，能够包治百病。为此，许多木乃伊被盗，国内外的许多人甚至不惜高价购买木乃伊。除此之外，古埃及的"动物神"思想也非常强烈，他们还把狗、猫、马、蛇、鹰、鹤等神化的鸟兽或鱼制作成了木乃伊。

木乃伊的制作方法

1. 把法老的尸体洗干净，并且涂抹上有香味的油，然后从左边鼻孔插入钩子，把头盖骨里的脑髓掏出来。

2. 除了心脏之外，还要把肝、肺、肠子和胃全部取出来。因为到了阴间需要用"审判之秤"为心脏称重，所以要把心脏留在身体里。但是，不可避免一定要拿出心脏的时候，可以用形似心脏的"圣甲虫"模型代替。取出的脏器要分别进行防腐处理，然后放入叫作"老人星"的罐子里保管。之后，在罐子的盖子上写上荷鲁斯神之子，并在各个脏器上画上守护神的头像。

3. 用布把自然盐"苏打"包好之后，认真地填充到取出脏器的尸体里。

这样是为了防止尸体腐烂。操作这个步骤的时候，一定要注意保持尸体原来的样子。

图坦卡蒙的木乃伊棺椁

4. 把整个尸体埋在苏打里四十天，让尸体自然干瘪的过程叫作"盐葬"。这与在鲜鱼上撒盐的道理相类似，就是利用盐的"渗透压"现象，去除尸体里剩余的水分。

5. 把盐渍的尸体清洗干净之后，在全身涂上油和上等的香料，最后涂上松脂。重新用布填充身体和头部空缺的部分，并对尸体上的裂口进行缝合。

6. 木乃伊需要用又细又长的绷带进行缠绕，手指、脚趾、胳膊、腿等身体的各个部位都要毫无缝隙地仔细缠好。缠绕木乃伊的绷带多得可以覆盖整个篮球场。

7. 在绷带的最尾处写上死者的姓名，把画有死者面相的面具戴在死者的脸上。这是为了让死后的灵魂能够找到生前的肉身，所以不能画得太好看或太难看。戴好面具之后，把涂有黏稠松脂的绷带最后再缠绕一层。

8. 把木乃伊放进棺椁里。棺椁的形状有四方的、人形的等等，各具特色。为了让死者能够在死后的世界里畅游，祈祷死者能够永生，人们还会用祈祷文把棺椁装饰得非常华丽。

9. 最后，在祭祀场里为木乃伊举行一场"开口仪式"。他们相信木乃伊可以通过这个仪式在死后的世界里吃、喝、说话。而且，为了避免死者在死后的世界里过得不舒服，还会把他们生前用过的物品和贵重的装饰物作为陪葬。

第七章
狮身人面像的故事

奇怪……我实在想不通哦……

什么？

如果是打造生前居住的宫殿无可厚非……可是，打造一个死后的陵墓也要这么尽心尽力吗？

我也觉得奇怪，坟墓不是应该由后代为祖先建造吗？

就是……埋葬死人的地方不是才叫坟墓吗？

想要了解木乃伊，首先要理解古埃及人对死后世界的信仰。

死后的世界？

是指死后的天堂和地狱吗？

没错，你们应该知道金字塔里有什么吧？

木乃伊！

死人……

古埃及人把人的灵魂叫作"卡（KA）"，他们认为人死后，卡会离开肉身。

卡不会永远离开，只是去死后的世界旅行而已，早晚还会回来的。

等到卡回来，你就可以复活了。

但是……
如果卡很久以后才回来，肉身腐烂了该怎么办？

是啊，奥西里斯也是因为没有找全尸体的残块才会留在阴间做判官的。

对，所以保存尸体很重要！

我们一定要想一个办法，让肉身能够保存到卡回来。

就这样，古埃及人幻想着复活，开始制作市乃伊。

首先，我们应该先取出容易腐烂的内脏和脑髓……

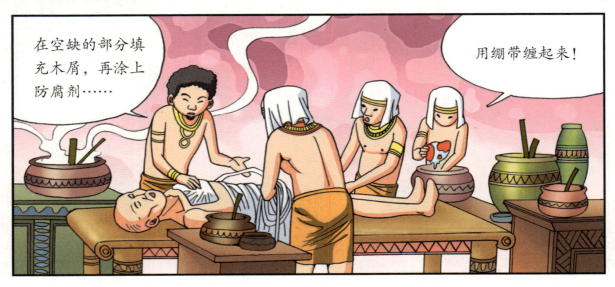

在空缺的部分填充木屑，再涂上防腐剂……

用绷带缠起来！

我一定要提前做好复活的准备，否则，趁我不在的时候，不知道谁会掌管王权！

以防万一，我们一定会提前做好准备的。

因此，所有的国王都会提前建造好宏伟华丽的金字塔。

死后再打造为之过晚。

怎么也不会像我在世的时候一样用心。

没有道理只有国王才能复活。等我死后，记得也要把我做成木乃伊。

是，爸爸。

可以说，古埃及人执着于死后世界的文化是因为埃及的地理特点。

埃及这个国家位于孑然孤立的地区。

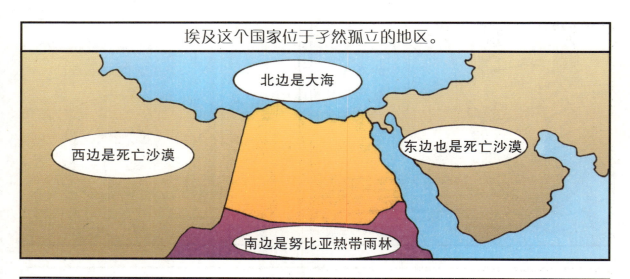

北边是大海

西边是死亡沙漠

东边也是死亡沙漠

南边是努比亚热带雨林

自然环境发挥了防御外敌的作用，所以古埃及人数百年来都生活得非常安定。

托尼罗河的福，我们可以无忧无虑地生活！

没有外敌侵略，这才是人间天堂！

正是这样的环境，才造就了他们对死后世界的向往。

人生这么美好，真不想死。

没有长生不老的办法吗？

就是！人生不能这么短暂！死后一定也有死后的世界！

这也正是胡夫王建造世界上最大的金字塔的理由。

再大一点，
再壮观一点！

我是永远的
法老！

但是，由于胡夫王的金字塔耗费了太多的财力，
导致后世国王无法建造规模相当的金字塔。

什么？
缩小金字塔的
规模？

由于先王耗费了太多的财力，国库资金不足。

而且，
民怨纷纷……

啊……气死我了！
我为什么要因为先王
而遭受损失！

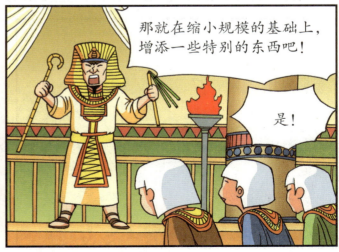

那就在缩小规模的基础上，
增添一些特别的东西吧！

是！

胡夫王之后的国王们缩小了金字塔的规模，
但在金字塔前设立了一尊狮身人面像。

吼吼吼！不错，非常不错，我很满意！

狮身人面像是身体是狮子，脸是人脸，看守金字塔的那个怪物吗？

没错，就是古埃及神话里的怪物。狮身人面像的脸其实就是照着哈夫拉国王的样子雕刻的。

为什么会想到把自己的脸雕刻在怪物的身上？

就是啊，这位国王的性格还真古怪！

可能哈夫拉希望自己比金字塔更加耀眼吧！

哈哈哈，有可能！

可是……狮身人面像的神话又是什么呢？

喂！你怎么连这个都不知道？

什么？难道你知道吗？

当然，这可是常识！

狮身人面像会向人们提出问题，如果回答不上来就把他吃掉！

哪有这样的道理？

说什么？

唉，懒得说。可可，还是你来说吧！

你……是不是根本就不知道具体的内容？

不，不是的！只是懒得讲大家明明都知道的故事罢了！

还是很可疑……

希腊神话里也有关于狮身人面像的故事。

对，我在希腊神话里读到过！

很久很久以前，在底比斯的一座石山附近……

啊！

噗噗

咴通

我问你，早上用四只脚走路，中午用两只脚走路，傍晚用三只脚走路的是什么动物？

嗷……

哪……哪里有这样的动物？

豆粒，真的是人，没错！

为什么？

听了以后，你就知道这个问题有多简单了！

早上是指幼儿时期。

中午是指青年时期。

傍晚是指老年时期。

原……原来是这样？

连这么简单的问题都不知道……

那是因为你早就知道了，所以才很简单！

从我第一次听到这个问题开始就觉得很简单了！

我第一次听到的时候就觉得很难。

我也是！

你看，大家都说难吧！

反正，我觉得很简单！

自以为是的家伙！

不是自以为是，是我真的知道！

可是可可，我们第一次穿越到古埃及看到的那座金字塔是属于谁的呢？

就是刚刚所说的胡夫王的金字塔，已经快要竣工了。

全世界规模最大的胡夫金字塔吗？

怪不得那么壮观！

早知道应该仔细瞧瞧，太遗憾了……

是啊，多么难得的机会呀，可以亲眼目睹历史性的建筑……

不知道考试题里会不会有这个问题。

没关系，仔细瞧瞧就是了！

可以吗？

啊！

当然可以！去金字塔里看一看也很有趣哦！

哇，好期待呀！

又要去金字塔里面吗？

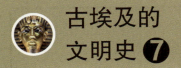

古埃及人的装束

古埃及人的装束名称

卡拉夫特：古埃及人会在头上佩戴
一条用又厚又硬的布制作的"头
巾"，国王与王妃佩戴的头巾就
叫作卡拉夫特。

乌赖乌斯：保护法老的眼镜蛇装
饰，就好像遇到敌人就会射出毒
针一样。

权杖：只有一国之君才能拥有，是
权力的象征。

罗印·克罗斯（腰衣）：与埃及的阶层
无关，男女老少都会穿的服饰。

古埃及人的服饰

　　古埃及人为了适应炎热干燥的
气候，采用了通风透气的布料制作
衣服。与我国的四季分明不同，埃
及一年四季都是夏天，所以不需要
穿很多衣服，只要用一块布遮盖就

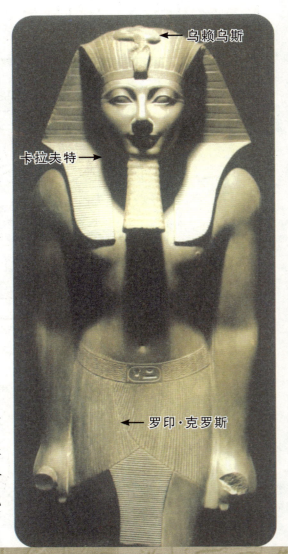

法老的装扮

可以了。例如，希腊和罗马等气候炎热干燥的地区，服饰的风格也如出一辙。

埃及男女都会穿戴一件叫作"罗印·克罗斯（Loin Cloth）"的腰衣。所谓的腰衣就是一条简单的缠腰带，通常会用塑身衣或腰带系起来。而且，根据不同的时代和身份的贵贱，缠腰带的长度和缠绕的方法也有所不同。身份卑微的人只是在腰间简单地缠绕几次，国王则需要打褶，并且要在缠腰带的前端装饰一件纯金饰品。

古埃及人的装扮

在古埃及，不论男女，所有人都会化妆。他们会用一种叫作"奈尔蓝（Nile Blue）"的青色涂料涂抹在眼部，看上去显得非常清爽。而红色在他们看来象征诅咒，所以通常不会使用。由于地处炎热地带，因此除了宗教目的之外，几乎不会用动物的皮毛制作成服饰或装饰品。

古埃及人的服饰

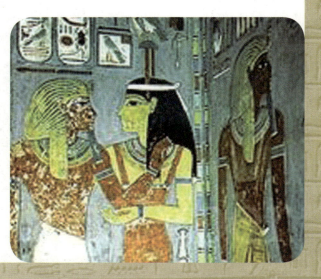

荷莱姆赫布王（公元前1319年~公元前1292年）
墓室里的壁画，彰显了当时古埃及人的装扮

117

第八章

胡夫金字塔

胡夫金字塔位于吉萨（开罗以西），是世界顶级的石雕建筑。
建造工程耗时近20年，塔高144.6米，塔底占地面积52900平方米，
使用平均重量为2.5吨的石灰岩共计230万块。该塔是世界七大奇迹之一。

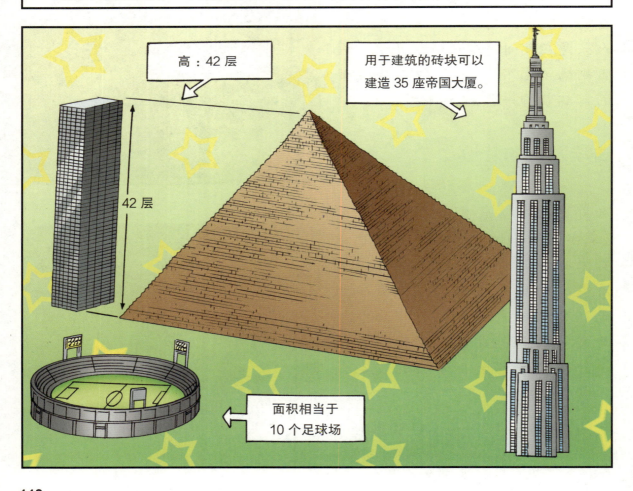

这座金字塔建造的时期，距离你们生活的年代，可相差4800多年呢。

通常，就算基础坚实的建筑物也会随着时间的流逝一点一点地沉陷。可是，重量惊人的金字塔却屹立了4800多年，一点都没有沉陷。

而且，能把大量的砖块运到这片沙漠里，也堪称奇迹了！

还有一个令人吃惊的就是金字塔的方向。

方向？

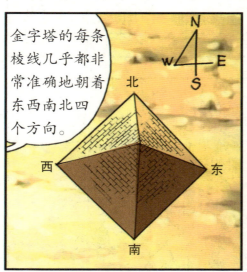

金字塔的每条棱线几乎都非常准确地朝着东西南北四个方向。

N
W E
S

北

西 东

南

只是几乎精确，还是不能确定准确的方向啊。

是啊，反正只有四个方向，说不定只是一个巧合而已。

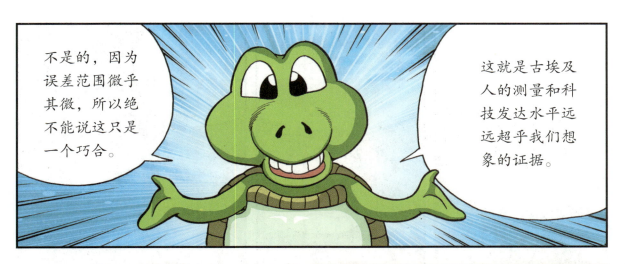

不是的，因为误差范围微乎其微，所以绝不能说这只是一个巧合。

这就是古埃及人的测量和科技发达水平远远超乎我们想象的证据。

好了，让我们去里面看一看吧。

好耶！

噗噜噗噜

噔噔

噔噔

噔噔

喂！没有手电筒吗？这里黑漆漆的什么也看不到！

那是因为我们从亮处进来的关系。等一下就会好一点了！

来到这种地方也不知道准备一把手电筒，真讨厌！

真啰嗦！不喜欢就出去好了！

你，你说什么？

你们两个能不能安静一点！

呲

那些壁画已经让人毛骨悚然了，你们两个居然还有心情吵架？

对⋯⋯对不起

壁画？壁画很可怕吗？

嗯，不知道为什么，每次看到这样的壁画都感觉阴森森的……

为什么？是因为这些壁画是在坟墓里的关系吗？

不是……
曾经听说这些壁画中，人的眼睛会转动……

怎……
怎么会……

是不是恐怖电影看多了……

闪

啊！

不，不是的，这里并没有尸体。

哦？没有尸体？

你不是说这里是埋葬室吗？

埋葬室不是用来埋葬尸体的地方吗？

过去是把木乃伊埋葬在金字塔的最底层，这个房间只不过延续了历来的惯例而已。

而且，从胡夫王的金字塔开始，位置产生了变化。所以，这里并没有木乃伊。

你们听说过关于金字塔的神秘之力吗？

嗯，我听说如果把食物放在金字塔的重心位置，就能确保食物不会变质。

没错！不仅是食物，就算把锈迹斑斑的剃须刀片放在金字塔的重心位置，锈迹也会消失哦！

哦，真的吗？

为，为什么会这样？

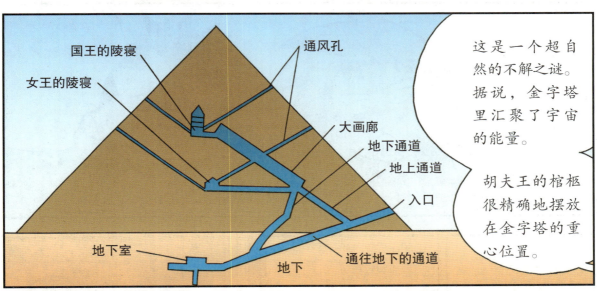

国王的陵寝

女王的陵寝

通风孔

大画廊

地下通道

地上通道

入口

地下室

地下

通往地下的通道

这是一个超自然的不解之谜。据说，金字塔里汇聚了宇宙的能量。

胡夫王的棺椁很精确地摆放在金字塔的重心位置。

或许是宇宙想把能量聚集在木乃伊的身上，让它复活吧！胡夫王时代的金字塔是正三角形的，把木乃伊放在重心位置也是从这个时候开始的。

哇，真了不起！

古埃及人都是天才！

那重心到底在哪里呢？

当然是在金字塔的中间了，还要继续向上走。

那我们快去看看吧！

等等！那里也会有木乃伊咯？

是啊！去存放尸体的房间有点……

胡夫王还没有死，现在不是还在建造金字塔吗？

哦，差一点忘记了，我们现在是在胡夫王时代！

哦，没错！

快走吧！实在是太好奇了！

好吧！

空空如也

这里……就是国王的陵寝?

什么嘛……什么也没有。

何止是什么也没有,房间四周也全部都是石砖。

是不是施工还没有进行到这里?

不,这里已经全部建造好了。

存放国王木乃伊的地方只是这样而已吗?

嗯，就是这样！

怎么可能！这么壮观的金字塔里，怎么会有这么寒酸的房间……

到处都有修补裂缝的痕迹。

① 国王的陵寝
② 通风孔
③ 墓室入口
④ 支撑国王墓室的花岗岩
⑤ 防止沉陷的房间
⑥ 通道
⑦ 石棺
⑧ 通风孔

那些裂痕是这座结构不可避免的翘棱。

顶板上还有九块五十吨重的花岗岩。

这个棺椁也很寒酸。整个房间里都见不到文字和壁画。

所以，后人们推测这里是为了防止盗墓贼而建造的假陵寝。甚至还有人推测金字塔并不是陵墓，而是为了其他的用途而建造的。

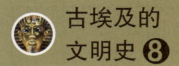

神秘的埃及墓室壁画

外星人的形象

在位于埃及塞加拉的普塔霍特普墓室的壁画里，有外星人的形象。普塔霍特普是辅佐埃及国王的贤者和哲学家，壁画中刻画的是奴隶们为普塔霍特普端来食物的场景。壁画中的外星人与我们想象中的外星人一模一样。

除了埃及之外，世界各地的各大壁画中都曾出现过许多外星人的形象。因此，也有人以此为据推测金字塔是借助外力建造而成的。

他们所谓的外星人介入的说法，恰好帮我们解开了迄今为止利用科学方法也无法解开的金字塔之谜。古代建造的大型建筑与建筑的内部结构非常精密，甚至连现代人都无法重现，因此也为外星人介入的说法提供了依据。还有证据显示，罗伯特·鲍瓦尔与葛瑞姆·汉卡克在吉萨发现的三座金字塔与星座有关联。因为，三座金字塔的排列方式与猎户星座的排列方式完全一致。

普塔霍特普墓室里发现的壁画

惊人的金属制品

右边的金属制品也是证明外星人介入的证据。这块金属制品是在 3000 年前的新王国神庙（距离开罗与吉萨高原以南数百英里的万

在新王国神庙天花板上发现的金制品

神庙，供奉奥西里斯等最高神灵的地方）的天花板上发现的。壁画中刻画了许多类似于直升飞机、潜水艇、飞机、气垫船的画面。

壁画的秘密

最近公开的火星碎块（酷似人形的岩石，图 1）酷似古埃及壁画（图 2）上刻画的埃及公主谢尔特·娜卜提。她还加强了古埃及人与外星文明之间的联系。

下图右起的第一幅壁画（图 3）是在位于库什金矿的神庙内发现的。图中站在火箭旁边的人酷似外星人。

图1   图2   图3

第九章

金字塔时代
的终结

如今，埃及约有八十座金字塔。

大多数金字塔坐落在沙漠地带。

其中，三座规模最大的金字塔全部建造于第四王朝。

我是最大的胡夫金字塔！

我排行第二！是拥有狮身人面像的哈夫拉金字塔！

Big 3!

我排行第三！孟卡拉金字塔！

由于建造规模庞大的金字塔，王室的财政日益捉襟见肘，百姓怨言加剧。

父亲，您一定要振作起来！

呜呜 哇 哇

没想到，我这一辈子……为了建造金字塔，没有过上一天好日子就……

像我这样的普通百姓，连一座坟墓都难以拥有……

父亲！

嘎嘣

啊！忍无可忍了！

法老，金字塔，全都受够了！

扑通

啊！

哎哟！

哎呀！

咣 当

你，你们是什么人？

对……对不起，我们好像走错地方了！

再见！

哒
哒
哒
哒
哒

已经够烦了，他们又是干什么的？

就是！

哎！我们到底要逃到什么时候嘛……

可可，这里是什么地方？

我也不知道……

嗒 嗒 嗒

看到每个人都凶巴巴的，我想应该是到了古王朝时期的末期了吧……

古王朝末期？

怪不得那些虔诚的信徒似乎很敌视法老。

因为相比百姓们的生活，法老更加注重建造自己的死后世界，所以即将要爆发民愤了！

不是说很富饶，很和平吗？

难道这也有限度。

当百姓们与国王反目之际，祭司与贵族们的势力开始逐渐壮大。

哈哈哈，多亏法老重视死后的世界，才成全了我们这些祭司！

想要与神灵进行交流，自然要通过我们这些祭司！

切！谁说只有法老可以死而复生？

没错！我们家财万贯，同样可以建造一座不亚于金字塔的陵墓。

贵族们开始耗费重金打造奢华的陵墓……

哼！我们不要服从法老！我们要壮大我们贵族的势力！

我们现在的势力也不小啊！

139

最近，百姓们人心惶惶，贵族的势力日渐壮大，实在让我很担心。你们有什么办法吗？

那是因为他们对神灵还不够虔诚。

我们作为祭司一定会尽心尽力地向神祈祷，请法老再贡献一些财宝吧！

又要贡献财宝？你们不是不知道，现在王室的财政很紧张。

所以，您没办法贡献了是吗？

您不怕激怒了太阳神吗？

不，不是的。就算省吃俭用，我也一定要表达对神的忠诚。

嗯，理应如此！

……

在太阳神的庇佑下，王室将永远繁荣昌盛。

那时，祭司们的气势早已压过了法老……

哈哈哈，这个世界不再属于法老，而是我们祭司的天下了！

我们与神灵相通，法老又能怎么样！

贵族们一门心思地壮大自己的势力。

什么法老，什么太阳神，都一无是处！

是啊！有钱有势才是最强大的！

我们也建立军队吧！

贵族们昂然自若，开始在自己的基地筑城、练兵！

嘿 哈 嘿 哈

呵呵，不错不错！这样下去，埃及早晚就是我们的了！

142

贵族们迫不及待地发起了战争，相互炫耀着自己的势力，埃及瞬间陷入一片混乱。

给我打！

冲啊！

我要先下手为强！

哈！

这些祭司胆敢无视我法老的存在，连贵族也要把我踩在脚下……

嗵！

住手！你们这群混蛋！

什么？

腾！

埃及是属于我安泰夫的！

数百年的时间，埃及因为贵族之间的战争一直陷于混乱之中。
最终，安泰夫镇压了底比斯地区强大的贵族势力。

就这样，辉煌灿烂的金字塔时代最终以悲惨的结局告终。

后来，进入了中王朝时期。

为了证明中王朝时期的创立，我决定把首都从孟菲斯迁移到底比斯！

想要统治整个国家，光靠您一个人的力量是不够的！

哦？那还需要什么？

我们底比斯信奉的是"阿蒙神"，而孟菲斯和大部分地区信奉的是太阳神"拉"。

这么说，既然我已经掌握了底比斯的政权，只要让所有人信奉"阿蒙神"就可以了是吗？

但是，强行改变宗教信仰，必然会引发百姓们的抵触。

那要怎么做？

我们应该创造新的神灵，让信奉不同神灵的两国百姓不会产生抵触的心理。

创造新神？

所以才出现了综合底比斯阿蒙神和太阳神拉的新神——阿蒙拉神！

参拜比"阿蒙"更加伟大，比"拉"更加强大的"阿蒙拉"！

继中王朝时期的第十一王朝统一埃及之后，埃及一时间重获了和平！

参拜雄伟的神殿！这里供奉着伟大的神灵。

然而好景不长，期间暗暗忍耐的诸侯们开始蠢蠢欲动。

上次是因为我们准备得不够充分才会失败……

这一次，万事俱备，只欠东风！

没错，这是强者为王的时代！

门图霍特普，想要活命就赶快离开这里！

呃！你们……你们要做什么……

哇 哇 哇 哇

埃及再一次陷入战乱之中。

呜呜呜，战乱不休，民不聊生！

哇 哇 哇

才过上几天好日子，又要兵荒马乱！

147

公元前1985年，阿门内姆哈特打败了第十一王朝的门图霍特普四世，成了新的掌权人。

但是，阿门内姆哈特并没有能够控制住当前的局势……

结果，他遭到了暗杀。

阿门内姆哈特的儿子世森乌塞特更加凶狠地镇压了贵族势力。

149

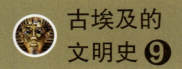

金字塔之谜

金字塔的能量

金字塔的能量是指金字塔的结构存在一种迄今无法用科学方式破解的奇特现象。金字塔仅以这种神奇的现象就能够堪称世界奇迹。

德国首屈一指的电子公司创始人西门子在 1859 年与技术人员前往红海安装电缆，期间停留在埃及的吉萨。好奇心强的西门子爬到了金字塔顶，正当他休息的时候，忽然感觉手指被轻轻电了一下，还伴随着"嗒嗒"的声音。为此，西门子做了一项实验，就是用一张湿纸包住红酒瓶的金属瓶盖，当场制作了一个充电器"莱顿瓶"。莱顿瓶果真开始充电，喜出望外的西门子甚至忘记了自己的手被充电器迸出的火星灼伤的疼痛。

体验神奇的现象

法国人波比曾经体验过更加神奇的现象。1920 年，波比在金字塔内法老的房间里发现了很多例如小猫等动物的尸体，可是动物的尸体却没有发出任何气味。

胡夫王的金字塔

而且，没有受到周围湿度的影响，全部都变成了干尸。

后来，出于好奇心，波比回到位于法国尼斯的家里做了一项实验。他用木头制作了一个金字塔的模型并朝北放好，然后把一只刚死了不久的小猫的尸体放进了模型里。几天之后，小猫变成了干尸。他还用其他动物做了相同的试验，甚至还有鱼和鸡蛋。放进金字塔模型中的有机物全部都没有腐烂，而且都变成了木乃伊。他判断，金字塔具有防腐和迅速脱水的作用。

剃须刀片的试验

捷克斯洛伐克的电力工程师卡里尔·杜拜尔用厚纸制作了一座15厘米高的金字塔模型。然后，把剃须刀片放在了三分之一高度的位置，也就是胡夫法老墓室所在的位置。令人吃惊的是剃须刀片居然变得比以前更加锋利，使用寿命可以达到200次。他判断，金字塔的内部结构可以把剃须刀片的结构恢复到初始状态，所以刀片才会变得更加锋利。

金字塔的神奇力量

实验证明，住在金字塔结构的房间里不但可以缓解身体上的疼痛，还能够提高睡眠质量，性情变得豁达，调皮的儿童也可以变得乖巧。甚至也有人说，在金字塔里香烟会变得口感清淡，威士忌会变得口感柔和，橙子的味道也会变得截然不同。而且，用鸡蛋做的实验也备受关注。立在金字塔里的鸡蛋，蛋黄浮在了蛋清的上面；立在金字塔外面的鸡蛋，蛋黄却沉淀在蛋清里。

中王朝时期

听说这是门徒霍特尔二世的石像……

第十二王朝的第二任国王世森乌塞特不仅比他的父亲更加勇猛，还是一位贤明的国王。

想要国泰民安，巩固王权，首先要让百姓安居乐业……

什么嘛？难道又要建造金字塔？

真是烦死了！为什么新王即位都要建造金字塔呢……

这一次的工程不是建造金字塔，也不是建造神殿，而是要建设灌溉设施等造福百姓的事业！

灌溉设施？那不是为了农民吗？

是啊！虽然必不可少，却一直没有时间建造……

没想到国王会亲自为百姓们着想……真是太意外了！

哇！我们伟大的法老认为民生事业比金字塔更加重要！

法老万岁！

不要盲目地向神敬献金银财宝！只要你们勤恳善良，神灵一定会保佑你们的！

哦？这是真的吗？

这么说，我们以后不用再为了得到神灵的庇佑而掏空家财了？

世森乌塞特贤明的政治理念让埃及恢复了平静，百姓们又开始重新信奉法老。

如何是好啊……国家的氛围似乎不同寻常。

是啊，百姓们万众一心地尊敬法老……

在这种情况下，我们根本不可能夺权统治国家……

百姓们呼声高涨，我们怎么可能夺取王位！看来计划要泡汤了。

……

可是……这样坐以待毙，万一变成眼中钉，岂不是得不偿失？

是啊，似乎大势已去……

我，我有点事先走了……

你要去哪里？

我也是！

我也是！

他们这是？还是先走为妙！

什么事？

尊敬的法老，

扑通

请您饶恕我们的过去！

请您接纳我们吧！

我们将尽忠竭力！

呵呵，这才是我期望的国家……

埃及重新恢复了久违的和平，进一步促进了繁荣发展。

哈哈，又是一个丰收年！

这一切都要归功于我们贤明的法老！

所以说，百姓们也要遇到一位好国王才行。

没错，聪明的国王可以改变整个国家的命运不是吗？

所以，埃及才可以从第十二王朝开始享尽太平盛世！

埃及在国势稳定的基础上，开始促进了与国外的贸易发展。

靠种地很难发家致富。

还是要靠做生意才能发大财！

位于腓尼基海岸的比布鲁斯港口成了埃及的贸易枢纽，埃及的商品销售到了克里特、美索不达米亚等地。

小亚细亚

里海

地中海

克里特

腓尼基海岸

孟菲斯

埃及

阿拉伯

繁荣昌盛的第十二王朝在第五代国王世森乌塞特三世的统治下达到了巅峰。

哈哈哈，钱多得花都花不完！

哈哈哈，连借酒消愁的事都没有。这里才是真正的人间天堂！

然而，这时埃及内部的黑暗势力又开始重新滋生。

钱赚得差不多了，已经没有地方存放了。

养兵千日，却没有用兵一时的机会。

既然我们这么无聊……谋权篡位如何？

如果还像从前一样得不偿失怎么办？

现在和过去不同了，已经太平了这么久，法老肯定有所松懈。

由于贵族们的叛乱接踵而至，埃及再一次陷入了乱世之中。

野心和叛乱有什么关系?

反正都是通过叛乱登上王位的人,如果换作我是贵族也会像他们一样。

就是因为你这种人,才会让战争无所不在!

志浩,我也觉得你的想法有问题!

什么嘛?

除非国家很不安定,国王让百姓民不聊生……否则,我认为那些为了达到自己的目的而破坏安定的人都是不对的!

但，
但是……

我赞成友利的想法。我们绝对不能认同那些人为了自己的野心去伤害很多人。

那根本就不是"野心"，而是"粗暴"的行为！

对不起……我只是一念之差！

你本来就是那样想的！

讨厌！

还有一群人，他们因为埃及陷入乱世而幸灾乐祸。

嘻嘻

这里是我们的！你们应该滚出去！

凭什么是你们的！

噼里啪啦

吼吼

161

他们就是居住在埃及附近的游牧民族——希克索斯人。

结果，埃及被希克索斯人占领了。

投降！

请……请放我们一条生路吧！

哈哈哈哈，从现在开始，将由我们希克索斯人统治埃及！

取得胜利的希克索斯定都阿瓦里斯统治埃及。

你们现在是希克索斯人的奴隶，听到了没有？

呜呜呜，我们怎么会这么狼狈……

啊？埃及灭亡了吗？

不是很了不起吗？还不是落到了这种下场！

当时，希克索斯人不但有马匹，武器装备相比埃及也更加先进。所以，埃及别无他法！

怎么会连马都不认识呢？

是啊，不是说促进外贸交易了吗？

可能，埃及人做梦也没有想到会与外国交战吧！

虽然埃及的地理环境可以让他们免受外界侵扰，无忧无虑地生活，却也因此让埃及变成了一个非常封闭的国家。

哈哈哈，我们埃及是世界的中心！

没有任何民族可以比我们更加强大！

太阳神和尼罗河会保佑我们永远和平，永远幸福！

他们的自豪感和对外界的排斥，导致他们长久以来都生活在一个与世隔绝的环境之中。
也正因为如此，他们才能够专心创造属于自己的文化。

我们自己也能够创造富饶的生活，为什么要接纳其他的文化？

没错！而且，哪里会有比我们更优秀的文化呢？

因此，埃及面临了无法想象的希克索斯人的侵略。
看似牢不可破的埃及就这样轻而易举地垮台了！

其实，我们也没有想到，居然可以这么轻松地占领埃及！

光顾着发展自己的文化有什么用？

也要适当地吸取其他文化信息才对嘛！

然而，希克索斯的侵略带给埃及的不仅仅是伤痛。

之前，我们的生活太安逸了！现在打起精神也还来得及！

被希克索斯侵略都是因为我们不够团结。

没错！如果我们没有引起内讧，也不至于……

对，誓死夺回我们埃及人的尊严！

好！

我们要团结在一起！

光复埃及！

现在觉悟也不算晚。

是啊，早干吗了……

这么说，埃及人团结一致，把希克索斯人赶走了吧？

这个嘛，就算团结一致，也不可能轻易打败技术先进的希克索斯人吧？

可可，你！不要卖关子了！快点说嘛！

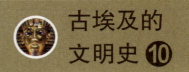

奥西里斯的地下城

古代的地下城

据说，埃及吉萨三大金字塔的狮身人面像下方有一个巨大的地下城。流传这座用象形文字和装饰画装饰的古代地下文明城市，早在恐龙等脊椎动物出现之前就已经建成。

公元前 5 世纪，希腊历史学家希罗多德访问了距离吉萨非常远的法老城，并且撰写了第一部历史著作《历史》，这本书记录了地下城的存在。法老城作为规模庞大的地下建筑，难以想象它是由人工打造而成，地上和地下各有 1500 间房，是双重结构的巨型建筑。法老城是由统治过埃及的十二位国王建造的，他们将自己的坟墓与神圣的遗物藏在地下城里。

联结天神与人类的建筑

记录埃及葬礼和祭祀文化的《亡灵书》（也称《死者之书》）称，把猎户座的三粒腰带星与吉萨三大金字塔和尼罗河的位置对称之后，在建筑下方建造一座规模相同的建筑，从而揭示了埃及联结天神与人类的建筑学基础。

希罗多德记载到："占星术知识渊博的埃及人在金字塔里隐藏了很多天文学的秘密，所有建筑都是对称天上的星座所建造的。"公元 4 世纪，罗马的历史学家马尔塞利努斯记载到："埃及的巨石

文明遗迹下方必然会建造一处存放文件的地下建筑，即使洪灾泛滥，所有珍贵的资料也都保存完好。"

创造宇宙与人类的秘密

1993 年，最尖端的地震探测器发现了斯芬克斯（狮身人面像）身体下方的人造巨型建筑。而且，还发现斯芬克斯的地下隐藏着关于"创造宇宙与人类"的秘密。

这座地下城是一位考古工作人员在修复斯芬克斯的过程中，偶然发现了一个通往内部的通道而公之于世的。但是，不知什么原因入口的封印石被关闭了，从而导致吉萨地下城的出入口被永远关闭了。

最近，随着利用人工卫星的地表探测技术、地震探测装置、GPR（地质雷达）的发展，全世界各地积极地展开了寻找埋藏在地下的史前文明、超古代文明的遗物或遗迹的工作。其实，埃及鲁索斯等五个地区的调查结果显示，新发现了二十七处没有被挖掘的历史遗迹。可以确认的是，吉萨巨型金字塔的地下通道就像当代某座城市的交通网一样复杂。

斯芬克斯

第十一章

新王朝时期

希克索斯把埃及人当成奴隶，给以百般羞辱和歧视。

埃及懒鬼！不是让你把马匹和马车洗干净吗！

啊！

嗵

大……大人……我已经全都洗干净了。

那这匹马肋下的污迹是什么？

那是马匹的花斑啊。

花斑？

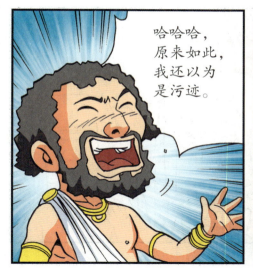

哈哈哈，原来如此，我还以为是污迹。

那又怎么样？不高兴我踢了你一脚是不是？

哪……哪里？不是的。

哈哈哈，这些埃及人一点自尊心都没有。

……

哆哆嗦嗦

希克索斯……不要以为埃及就这样完蛋了！

我已经忍无可忍了！我们还是立即把他们赶走吧！

现在还不是时候！

还要等到什么时候！我们要忍辱负重到什么时候！

气呼呼

轻举妄动可能会让整个事态变得更糟糕！

而且，我们要掌握希克索斯人所有的新技术。

否则，就算把他们驱逐出境，他们也会重新侵占我们的国土！

埃及人一边耐心伺机，一边专心地学习希克索斯的先进技术。

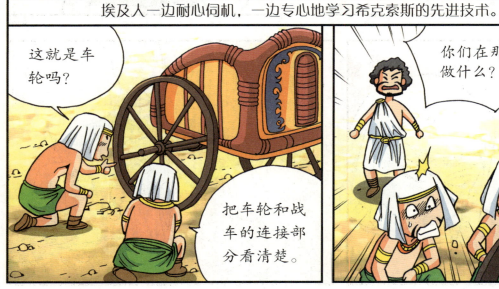

这就是车轮吗？

把车轮和战车的连接部分看清楚。

你们在那里做什么？

啊！

就在希克索斯占领埃及的第100年……

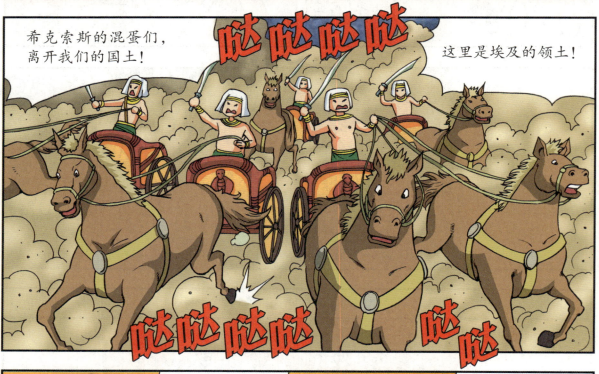

决心掌握希克索斯的技术和夺回领土的埃及勇士们，
他们此刻强烈的爱国心超越了任何强大的力量。

底比斯地区的贵族阿赫摩斯攻克了希克索斯的根据地阿瓦里斯，
并一直把逃亡的希克索斯人驱逐到了帕莱斯蒂纳，取得了巨大的胜利。

来不及逃跑的希克索斯人顿时沦落为埃及的奴隶。

175

埃及人在封闭的环境中生活了很久。

我们非常满意这里的生活。

当然，这里很好！

是啊，没错。这里的领土已经很大了，没有必要为了扩大领土而引发战争。

埃及人是热爱和平稳定的农耕民族，彻底改变他们的是希克索斯的侵略。

之前我们就是井底之蛙……

只有我们主张和平有什么用？其他人还是会来侵略我们的领土。

咂

新王朝时期是继古王朝和中王朝时期的第三个繁荣期，也是埃及历史上占领领土最广的帝国时期。

从现在开始，我们也要把眼光放远一点！被别人侵占之前，我们要先下手为强，以攻为守！

继阿赫摩斯后尘的第十八王朝初期的法老们，不断地攻击帕莱斯蒂纳。

我们又来了！

侵略埃及的是希克索斯，为什么总是来欺负我们呢？

为什么？就是为了这些！

没想到收获战利品的感觉这么好。

哈哈哈

一群混蛋……把值钱的东西全都抢走了。

埃及人变了！

尤其是第三代国王图特摩斯一世，他甚至打入小亚细亚，占领了底格里斯河。

继续延伸吧！埃及将成为大帝国！

图特摩斯一世不仅开启了殖民统治和国家繁荣的光荣时代，
还在建筑方面创造了一个新的时代。

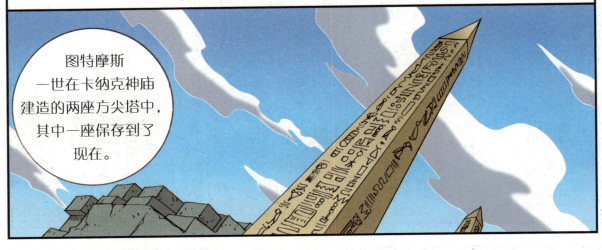

图特摩斯一世在卡纳克神庙建造的两座方尖塔中，其中一座保存到了现在。

而且，在位于尼罗河中游，卢克索斯以西的一个野外山谷里建造了王陵。

盗墓贼盗取王陵陪葬品的事频频发生！

我们不要像金字塔一样显眼的陵墓，去找一个难以接近的地方建造王陵！

是！

就这样建造了后来的"国王之谷"，图特摩斯一世成了第一个被埋葬在这里的国王。

国王之谷？
好像在哪里听说过？

连斯芬克斯都不知道，居然知道国王之谷？

你说什么？斯芬克斯和国王之谷又有什么关系？

都是埃及历史的关系呀！你从哪里听说过国王之谷的？

我，我不记得了……但是，我的确听说这与法老的诅咒有关！

哟嗬？干吗又说到诅咒去了？

不，豆粒说的没错！国王之谷的确是因为图坦卡蒙的诅咒而出名的。

真……真的吗？

切，听到了吧？不要以为你什么都知道！

181

反……反正你也不清楚具体内容。

你不是也不清楚斯芬克斯的具体情况吗!

哦?知道吗?

谁说我不知道!

当然知道!

你是不是想打架?

打就打,谁怕谁?

咻

咻

呼

呼

真是一对冤家……

他们……他们不是好朋友……

但是……我好像也在哪里听说过图坦卡蒙这个名字。图坦卡蒙也葬在国王之谷吗?

是的,图坦卡蒙也是第十八王朝的一位法老。

那图坦卡蒙的诅咒又是什么呢?

对啊,到底是什么嘛?

图坦卡蒙对什么人下了诅咒?

嗖

嗖

这个还是等到了图坦卡蒙的故事上演的时候再告诉你们吧!

现在不能说吗?

是啊,好想知道啊!

现在说的话就会杂乱无章了!我们不是在沿着年代穿越吗!

可是……

可可说得对!我们应该按照顺序仔细听!

知道了!

总之，国王之谷是图特摩斯一世为了防止盗墓贼，在不太引人注意的地方建造的王陵……

有趣的是，大部分王陵还是被盗墓贼光临了。

太过分了！

是啊，良苦用心最终也是功亏一篑了！

可恶的小偷……

哈哈哈，是啊！小偷铁了心要偷，防也防不住呀！

图特摩斯一世离世时膝下无子，因此他的女儿哈特舍普苏特结婚后，她的丈夫继承了王位。

你的父亲是图特摩斯一世，我为什么要变成图特摩斯二世？

住嘴！如果我可以直接登上法老之位，就不会嫁给你了！

然而，图特摩斯二世登上王位九年之后就离世了，哈特舍普苏特陷于沉思之中。

嗯，还没有一显身手就死了……

我又不能成为法老……又没有儿子可以继承……该怎么办呢？

嗵

图特摩斯二世与另一位夫人生有一个儿子。

噢，对了，就这样！

嗒

如果你和我的女儿结婚，就可以继承法老之位！

啊？

嗷嗷

被哈特舍普苏特扶上法老之位的年幼王子，就是后来被赞颂为埃及拿破仑的图特摩斯三世。

他们说我们是夫妻……

夫妻是什么？

嘀嘀嘀！法老夫妻年纪尚幼，这段时间将由我代替他们打理国事！

是，遵命……

哈特舍普苏特是野心很大的女杰。

所有国家的统治者，
国王的女儿，
国王的姐姐，
神的妻子，王妃，
两个国家的主人！

这就是要刻在我哈特舍普苏特棺椁上的称号！嘀嘀嘀嘀！

嘀 嘀 嘀 嘀

但是，相比征服其他国家，她更加注重的是国内的政治和建筑事业。

一味地扩大领土有什么用。除了严重造反的殖民地之外，不要引发不必要的战争。

把那些人力派去建造神殿和方尖塔。

是，遵命！

哈特舍普苏特摄政长达22年之久。

母后，我已经长大成人……

住嘴！执政的事交给我处理，你只要好好休息就行了！

她根本就没想把法老的位置还给我！可是我又无力对抗如此强大的势力……

哈特舍普苏特死后，图特摩斯三世开始泄愤。

去掉碑文上所有女王的名字！

还有，今后无论在任何情况下，都不得让女人登上法老之位！

这不是性别歧视主义者？

哈哈哈，都是因为长时间对哈特舍普苏特王妃积压了太多的怨恨。

不管怎么样……真是一个小气鬼！

不是的，除了这个问题之外，他真的是一位既勇猛又很了不起的法老。所以才被人称做是"埃及拿破仑"！

是吗？有什么了不起的地方？

嗯……

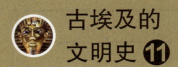

图坦卡蒙陵墓之谜

图坦卡蒙的陵墓

英国考古学家霍华德·卡特经过六年多的努力终于找到了图坦卡蒙的陵墓，并在陵墓里挖掘出了 11 公斤的黄金面具等共计 2000 多件珍贵的遗产。

祭司们为了应对图坦卡蒙会死而复活，因而把他生前在王宫里用过的物品全部放在了木乃伊的身边。为了让图坦卡蒙复活后可以吃到东西，他们还在陵墓里放置了 100 个装有各种水果的果篮和用羽毛做成的扇子。为了侍奉图坦卡蒙的起居，还在他身边放了几尊与真人大小相同的雕像。而且，还有精致的装饰台，装有香料的精美坛子，以及只有国王才能拥有的用于仪式的匕首。

然而，出土这些遗物的法老陵墓隐藏在一个叫作"国王之谷"的山谷里。其实，据说平常我们熟悉的"法老陵墓"金字塔并不是"陵墓"。所以，金字塔真正的用途至今仍然是一个不解之谜。

图坦卡蒙的宝藏

图坦卡蒙的墓葬一共由四间墓室组成，最里面的房间就是埋葬室。这里有一个包裹了四层金箔的木箱，木箱里有一个用红色花岗岩打造的石棺，而石棺里面还有三层棺椁。尤其，位于最下面的棺

图坦卡蒙的头像

椁是用 110 公斤的纯金和彩色玻璃、绿松石、红宝石等精心打造的。

在精美的棺椁里发现了木乃伊，木乃伊的头部戴着一个重达 11 公斤的黄金面具。然而，木乃伊的保存状态并不是很好。验尸报告显示，死因是因为脑部有致命性的损伤。历史学家们推测图坦卡蒙的死因可能是暗杀，因为图坦卡蒙很年轻就登上了王位，贪婪的野心家们纷纷伺机谋权篡位。

从图坦卡蒙的墓葬出土的人像

图坦卡蒙死后十年左右，他墓葬里大大小小的陪葬品便被盗墓贼洗劫一空。后来，他的墓葬被重新加固了封印石，直到被霍华德·卡特和乔治·卡纳冯发现之前，这座墓葬一直是多年以来任何人都无法侵犯的"传说中的墓葬"。

图坦卡蒙墓所在的国王之谷

第十二章

埃及拿破仑

图特摩斯三世掌握政权不久，中东附近的国家就缔结了联盟。
甚至有谍报称中东联盟国准备在鹰岛联合对战埃及。

这些狂妄自大的家伙！女王刚刚过世就想要谋反？

女王轻视我，你们也来轻视我吗！

怎么办？
要不要派使臣去警告他们？

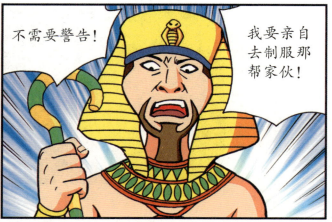

不需要警告！

我要亲自去制服那帮家伙！

我们早已经做好了准备，只要小心行事，一定可以脱离敌人的埋伏，还是走左边吧。

是的，右边的路不但很难行走，还有可能因为劳累而削减士兵们的士气。

……

你们都赞同走左边这条路吗？

是！

既然这样，我决定走右边这条路。

啊？

如果大家想法一致，我想敌军也会这样想。如果他们真的和你们想法一样，说不定早已设下了埋伏。

哦，原来如此！

就算走险峻的道路……只要能击中他们的要害就事半功倍！

这条路虽然比想象中的更加险峻，却是一条捷径，而且没有任何埋伏。

鹰岛

还没有任何消息吗？

是，还没有收到任何消息。

奇怪……
密报上不是说
埃及军队已经
出战了吗？

从时间上来看，
应该早就进入了
我军的埋伏地
才对呀……

他们会不会……选择了
那条险峻的道路通行？

应该不会。除非他们是
傻瓜，否则不会放着好
路不走，选择走险路。

但是，他们到
现在也没有出
现，恐怕……

埃及军队
来了！

埃及军队
已经包围了
整座城！

哒 哒

什么？
什，什么时候？

怎么会这样……万万没有想到他们会选择那条险路……

看来他们早就想到我们会设下埋伏了。

没有其他办法了！只能与他们决一胜负了！

混蛋，埃及法老驾到！还不赶快把城门打开！

荒，荒唐！今天就是你埃及法老的死期！

我们决一死战吧！

啧啧啧，一群自不量力的家伙！你们会后悔的！

我们不会后悔！坐困女人手下22年的家伙，有什么了不起的！

你说什么？

给我进攻！

把那些不知道天高地厚的家伙给我拖下来！

冲啊

冲啊

冲啊

联盟军死守城门，顽强抵抗，一时间难定胜负。

哼！我们已经切断了你们的退路，看你们还能支撑多久！

给我不断地发起进攻，让围城里的百姓精疲力尽！

一切都完了……

我们都会死在埃及国王的手里。

恳求您大发慈悲，饶了我们吧！

今后我们将忠诚于埃及，绝不反抗。

我们发誓！

好吧！但是我有一个条件，把你们每年的朝贡增加两倍！

是，是，小的遵命！

还有，召集各国王子中的第一继承人到埃及来！

啊？王……王子？

怎么？不愿意吗？

没有，没有……

不派遣王子的国家，我将视之为埃及的敌国。

各位大王只有服从图特摩斯三世的指示。

呜呜呜，一定要注意身体！

千万不要顶撞，要乖乖听话……

哎哟，真可怜……

一定要安全回来。

嚓嚓

拜拜

好好教育各国王子，一定要顺从埃及。

是！

法老是伟大的太阳神之子！

法老是伟大的太阳神之子！

200

就这样，经过洗脑的王子们登上王位以后，彻底归顺了埃及。

图特摩斯三世通过成功征伐，巩固了王权地位。

图特摩斯三世后来不断南征北伐。

图特摩斯三世在20年里共远征了17次。这时，也是埃及版图最大的时期。

每场战争取得胜利之后，不但可以占领领土，还会获得许多战利品和奴隶。

想要统治宽广的领土，势必需要很多士兵。这时，历史上最初的职业军人诞生了。

妈妈，我后天就要退役了！

住嘴！给我在军队里好好待着，什么都比不上军人这个职业知道吗？

最近，因为职业军人收入不菲而倍受青睐。

图特摩斯三世在埃及历史上被评为比拉姆西斯更伟大的君主。

如果不是在继母哈特舍普苏特的逼迫下度过了漫长的青春期，想必他会创造出更加辉煌的事业……太遗憾了！

不知道是不是为了发泄童年的积怨，图特摩斯三世一生波澜壮阔，48岁时与世长辞。

图特摩斯三世的市乃伊位于开罗博物馆

图特摩斯三世的石像

图特摩斯三世之后的阿蒙霍特普二世和图特摩斯四世时，
埃及一如既往的繁荣昌盛，阿蒙霍特普三世统治时期是王室的鼎盛期。

然而，从阿蒙霍特普四世开始，埃及面临了一发不可收拾的分裂。

将神与国王视为一体的埃及，祭司是法老强有力的搭档。
然而，当国家越发繁荣富强，发展为大帝国时，宗教也开始面临堕落。

在祭司与法老出现权力之争的时期，出现了一位最大的牺牲者，他就是图坦卡蒙王。

图坦卡蒙！

终于要上演诅咒的故事了！

为什么是权力之争的最大牺牲者？到底是什么意思呢？

难道，图坦卡蒙是因为祭司而死的吗？

或者，他诅咒了祭司之后就死了？

这个嘛……你们知道图坦卡蒙的诅咒是什么吗？

可可~快点讲给我们听！！

嘟啦嘟啦

四川省版权局著作权合同登记章图进字21-2013-61号

图书在版编目(CIP)数据

古埃及. 1 / 萤雪编. — 成都：四川民族出版社，2013.10（2019.7重印）
ISBN 978-7-5409-5297-6

Ⅰ. ①古… Ⅱ. ①萤… Ⅲ. ①文化史—埃及—古代—儿童读物 Ⅳ. ①K411.203-49

中国版本图书馆CIP数据核字（2013）第254162号

古埃及 ① 文图 [韩] 萤雪 译 曹岚

责任编辑	蓝明春　王少毅	成品尺寸	188mm×250mm　1/16
封面设计	曹雨锋	印　张	13
出版发行	四川党建期刊集团	字　数	100千
	四川民族出版社	版　次	2013年10月第1版
地　址	成都市青羊区敬业路108号	印　次	2019年7月第3次印刷
邮政编码	610091	书　号	ISBN 978-7-5409-5297-6
联系电话	（028）80640453	定　价	49.00元
印　刷	三河市兴国印务有限公司		

冰海荣光

"雪龙"号船
南极救援脱困全纪录

主　编	盖广生			
顾　问	曲探宙			
编　委	翟亚娜	徐志良	钱秀丽	夏立民
	张　林	高伟明	韩彦佶	赵　宁
	徐小龙	王　婉	葛文荟	汪　南
总撰稿人	徐志良			
撰　稿	盖广生	钱秀丽	赵　宁	孙建军
统　筹	钱秀丽			
照片提供	夏立民	高伟明	赵　宁	徐小龙
	黄　冉	张建松		

四川教育出版社
·成都·

图书在版编目(CIP)数据

冰海荣光:"雪龙"号船南极救援脱困全纪录/盖广生主编. —成都:
四川教育出版社,2014.11(2019.9重印)
ISBN 978-7-5408-6422-4

Ⅰ.①冰… Ⅱ.①盖… Ⅲ.①纪实文学—中国—当代 Ⅳ.①I25

中国版本图书馆CIP数据核字(2014)第051751号

冰海荣光 ——"雪龙"号船南极救援脱困全纪录

盖广生 **主编**

总 策 划	杨 杪 张 京 安庆国
策划编辑	雷 华 黄红杰 王飞崎
责任编辑	余 兰 穆 戈 雷 华
	张纪亮 黄红杰 王飞崎
装帧设计	何一兵 刘宝朋
责任校对	杜 宁
责任印制	吴晓光 杨 军
出 版	四川教育出版社
	地 址 成都市槐树街2号
	邮政编码 610031
	网 址 www.chuanjiaoshe.com
发 行	新华书店
印 刷	石家庄德文林彩色印刷有限公司
制 作	四川胜翔数码印务设计有限公司
版 次	2014年4月第1版
印 次	2019年9月第6次印刷
成品规格	190mm×260mm
印 张	12.5 插页 4
书 号	ISBN 978-7-5408-6422-4
定 价	68.00元

如发现印装质量问题,影响阅读,请与人民时代教育科技有限公司调换。电话:(010)61840182
如有内容方面的疑问,请与四川教育出版社总编室联系。电话:(028)86259381

前言
PREFACE

本书讲述了中国第30次南极科学考察队在冰雪南极发生的故事。

为了和平利用南极，1984年11月20日中国派出了第一支南极科学考察队，首次登上南极洲，在南极建成了中国第一个科学考察站——长城站。从此，中国开始了连续30年不间断的南极科学考察探险活动。

2014年，是我国开展极地科学考察30周年，也是建立南极长城站30周年，建立南极中山站25周年，建立南极昆仑站5周年，同时也是《南极条约》缔约55周年。在中国极地科考已届"而立"之际，中国的科学家已经和世界各国科学家一道，充分利用南极得天独厚的地理位置，开展了多学科考察研究，发挥了独特作用。

30年南极科考，30支科学考察队远赴南极，每一次都历经艰辛，每一次都有令人难忘的故事。当然，正如南极变幻莫测的天气和冰山，每一次也会遇到特殊的困难，甚至会发生意想不到的危险。

2013年—2014年,中国第30次南极科学考察队所经历的故事,就值得浓墨书写并镌刻在中国南极科考历史纪念碑上的显要位置。

中国第30次南极科考队,乘"雪龙"号船,于2013年11月7日从上海启航,去执行一次不同寻常的任务,即在南极建立中国第四个科学考察站——泰山站,同时为长城站、中山站进行物资补给和人员的替换,为新建考察站开展地质勘测调查,并进行首次环南极大陆的航行科考。

就在这次考察中,第30次南极科考队创造了比原定任务更伟大的壮举:在南极执行任务的"雪龙"号船收到求救信号,俄罗斯"绍卡利斯基院士"号客轮被困在南极厚厚的浮冰中,失去机动能力,中国、法国、澳大利亚和美国都派出各自在南极执行科考任务的破冰船展开国际救援行动。中国"雪龙"号船一马当先,最先靠近俄船,派出"雪鹰12"直升机成功救出52名乘客。由于受南极天气急剧变化的影响,考察队和"雪龙"号船自身却被困在厚厚的浮冰区内。经过4天时间,在考察队员的共同努力下,凭借顽强的毅力和精湛的技术,奇迹般地突破了海冰的围困,全体科考队员和"雪龙"号船自救脱险成功。

许多国外媒体称此次南极救援行动有如"好莱坞大片",是一次成功的国际合作,盛赞"雪龙"号船是"Hero",中国应该为此感到自豪。

国内媒体评论"雪龙"号船奋不顾身营救俄船,即使在救人后自身陷入困境,依然镇定自若,积极设法摆脱险境。"雪龙"号船突出重冰区展示了中国科考船的能力,正是中国履行国际义务态度的一个缩影,体现了一个勇于担当、负责任的大国形象。

在"雪龙"号船上亲身经历救援并脱困的考察队员的感觉,却没有像媒体报道的那么"热闹"。在他们看来,在冰雪南极进行科考探险,遇到这样的情况是很"平淡"的事,别人遇险就应该救助，自己碰到困难就应该想办法克服，一切都是那么自然，一切仿佛都出自"本能"。

我们赞赏第30次南极科考队和"雪龙"号船的创举，我们更赞赏他们遇到险情和获得成功后的"平淡"。这种行为和态度，正在积累形成中国南极科考事业的一种文化，进而发扬和光大了"爱国、求实、创新、拼搏"的南极精神。

在南极精神的鼓舞下，中国的南极科考事业一定会为人类和平利用南极做出更大的贡献。

盖广生

2014年3月28日

第三章 坚冰围困 / 93

天有不测风云。在"雪龙"号船忘我救人之时，南极洲大洋的冰层再一次收缩了"腰带"，突如其来的坚冰如大军压境，"雪龙"号船陷入了重重包围，刚刚救援过"绍卡利斯基院士"号船的101名勇士也需要有人来救了。南极离中国大陆万里之遥，中国国家主席、国务院总理批示要不惜代价救出"雪龙"号船的勇士们。中国国家海洋局迅速成立"雪龙"号船脱困应急处置领导小组，领导救援工作。澳大利亚海上搜救中心请求美国海岸警卫队的"北极星"号破冰船前往救援"雪龙"号船。这是一部极地交响曲，人道主义才是和谐世界的真正基石。

第四章 突出重围 / 123

获得"时间窗口"保障的"雪龙"号船始终没有向外发出求救信号，这是一场挑战自我的较量，最坏的打算和最好的方案都拿到台面上比较。渴盼已久的西风终于出现，"雪龙"号船在不知不觉中与浮冰一起移动。王建忠船长抓住时机果断转向，向北转、向东转，找准方向，1米、10米、100米……新华社记者记录下了在那遥远地方发生的故事，冰海亮剑，"雪龙"人书写了又一次"世界传奇"。

第一章

长城，向南极延伸

中国的南极科学考察，已经经历了近30年艰苦卓绝的历程。南极凝聚着无数中国人的美好向往和梦想。如果说长城象征着中华民族的伟大精神，那么这长城已在海上日益崛起，中国力量、中国表情正在向着地球最南端延伸……伴随着海洋强国建设的号角，中国第30次南极科学考察队即将出发。

冰海荣光

一个古老的训示中说

妈妈最优秀的儿子

才有资格成为部落的勇士

那天，我报名出征了

去铸造共和国的冰海荣光

妈妈，把最艰险的重任交给我吧

站立着，我是你擎天的柱

横下去，我是你承重的梁

CHINARE

科考建站，赤子捧心，万里征程何所惧？

救援脱困，感天动地，八方美誉扬国威！

2013年11月7日上午，黄浦江边，中国极地考察国内基地码头，"雪龙"号南极科学考察船整装待发。

码头上，人声鼎沸，鼓乐齐鸣，中国第30次南极科学考察队将从这里出发。

中国红，红色的船，红色的队衣，红色的标语，红色的旗帜，出征的队员与送别的亲人在相互凝望、握手、拥抱、亲吻、留影、打电话、发微信、记邮箱……码头上，一位参加过15次南极科考的老队员抱起自己的小外孙，小外孙动情地和他吻别；一位年轻的妻子依偎在船员丈夫的身上，悄悄流下依依不舍的泪水……

■ 欢送仪式现场

4

■ 上海，中国极地考察国内基地码头，欢送南极科学考察队出征

丈夫说："为我担心了？"

妻子说："我怕。"

丈夫说："怕一个人在家？"

妻子说："怕你出事。"

丈夫说："不可能，这是南极科考第30次任务了，我们积累了29次经验，放心吧！"

……

谁曾料想，在往后的南极征程中，年轻妻子那一丝隐隐的担忧，竟然成了事实。

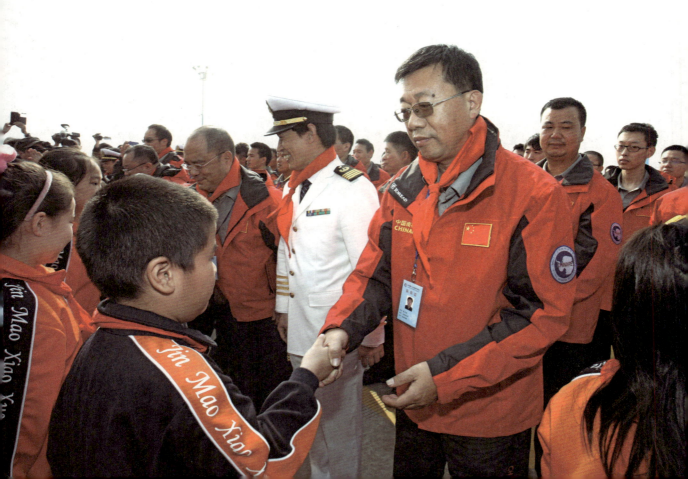

　　更多的心声，是目光中凝聚的重托和信任。送别仪式上，国家海洋局等相关部门的领导、专家和各界代表，向即将远征的人们挥手致意。国家海洋局局长刘赐贵，将第30次南极科考队红色的队旗郑重地授予考察队领队、首席科学家刘顺林。刘顺林高擎队旗踏上舷梯，一步一步迈上"雪龙"号船，科考队员们排成长长的红色队伍拾级而上。

　　遥远的南极每年分为夏季和冬季，夏季只有短暂的3个月。在这3个月的夏季里，南极大陆周边的海冰开始融化，人们乘船可以抵近南极洲大陆岸边，全世界去南极的船舶几乎都在这个时间段前往。

　　20世纪以来，南极已进入以和平和科学为主题的科学考察时代。从1984年开始，中国已经连续29年向南极派出考察队，进行多项科学考察。

　　中国以国家力量投入南极科考事业，建立高效能的管理机制，培养高素质人才队伍，采用高科技工作手段，取得了让世界瞩目的科学成就。

■ "雪龙"号船为南极科考队运送的物资补给集装箱

■ 领队刘顺林接过队旗

　　10时30分，一阵清脆的启航铃响遍全船，主机轰隆隆启动，接着，汽笛一声长鸣，"雪龙"号船缓缓驶离上海中国极地考察国内基地码头，即将驶向茫茫大海。队员们身上的红色队服格外耀眼，一如每个人心中跳荡的烈火，环南极考察，建立泰山站，每个人肩上都感受到了泰山般沉重的国家责任……

一　目标: 环南极考察与建立泰山站

楼船飞渡, 铁马秋风。随着"雪龙"号船汽笛的一声长鸣, 中国第30次南极科学考察队踏上科考征程。

考察队计划执行30个科学考察项目、15项南极后勤保障以及工程建设任务。在此次考察中, 中国将在南极建立第四个科学考察站 —— 泰山站。"雪龙"号船将首次执行环南极考察航行任务, 四次穿越西风带, 总航程约3.15万海里 (1海里约等于1.852公里), 预计2014年4月上旬返回上海。

中国已经完成29次南极考察, 在南极大陆建立了长城、中山、昆仑三个考察站。

第30次南极科学考察即将进行。每次考察的时间都需要150天到半年。100多名科学家和船员就要以船为家, 在这里生活和工作150天到半年, 期间的风雨冰霜、惊涛骇浪是家常便饭, 晕船呕吐、病魔袭击, 也在所难免。每天都是洁白的冰雪和黑蓝的大海, 再美也会审美疲劳。为了全世界人民的福祉, 为了中国的南极事业, 这些人、这些事、这些日子、这些行动, 一年又一年, 像风雨一样飘过, 漫长而又短暂。

人类对南极的发现, 最早的应该是帆船时代的渔猎者, 只不过他们没有留下姓名和时间记录, 也没有标记他们的发现地。1821年, 接受过海军学院训练的俄国爱沙尼亚人别林斯高晋, 受沙皇亚历山大一世派遣, 与副手拉扎列夫分别驾驶"东方"号和"和平"号单桅帆船, 完成了人类历史上有记载的首次环南极航行。在这次航行中, 别林

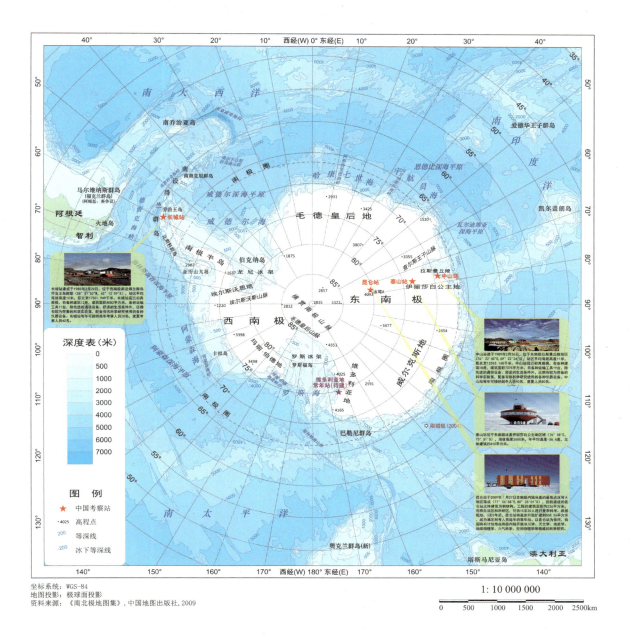

斯高晋和拉扎列夫曾几次进入南极圈，最南到达南纬69度25分处。但是南大洋恶劣的天气，无法通过的浮冰，以及雾气笼罩的海面，使他们的单桅船无法再接近南极大陆。别林斯高晋的船队先后发现两个小岛，用沙皇的名字命名为彼得一世岛和亚历山大一世岛，后者紧靠南极大陆。位于南纬71度西经85度的南极大陆边缘海为当年别林斯高晋率领船队抵达的海域，后人为纪念他对南极探险的贡献，将此海域命名为别林斯高晋海。

中国南极科考站

　　1984年—2013年，中国在南极先后建立长城站、中山站和昆仑站三个科考站。

　　中国南极长城站：建成于1985年2月20日，位于西南极的南设得兰群岛乔治王岛（南纬62度12分9秒，西经58度57分52秒），平均海拔10米。夏季最高气温11.7℃，冬季平均气温-8.0℃，最低气温-26.6℃，空气湿度较大，海风含盐量高，全年大风天数在60天以上。自建站以来，经过3次扩建，现已粗具规模，有各种建筑12座，建筑总面积达4082平方米，建有生态动力学实验室，每年可接纳25人越冬，40人度夏。主要开展极地低温生物、生态环境、气象、海洋、地质、测绘、地球化学、地震、地磁和电离层等科学观测和研究。

　　中国南极中山站：建成于1989年2月26日，位于东南极大陆拉斯曼丘陵（南纬69度22分24秒，东经76度22分40秒），平均海拔11米。夏季最高气温9.6℃，冬季平均气温-23℃，最低气温-46℃，全年大风天数188天，晴天约220天，紫外线辐射强度大。自建站以来，经过多次扩建，目前已粗具规模，有各种建筑18座，建筑面积7375平方米，建有雪冰实验室和极区空间实验室，每年可接纳40人越冬，80人度夏。主要开展极区高空大气物理、冰雪和大气、海洋、地质、地球化学（陨石）、地理、环境监测等科研观测和研究。

　　中国南极昆仑站：建成于2009年1月27日，是中国首个南极内陆考察站，也是人类在南极地区建立的海拔最高的科考站。位于南极内陆冰盖最高点冰穹A西南方向约7.3公里，南纬80度25分01秒，东经77度06分58秒，距中山站1258公里，其高程4090米，冰厚3500米，年均温度-58.4℃，最低气温-82℃，气压558～584百帕，紫外线强度大。主要开展冰川学、天文学、地球物理学、大气科学、空间物理学等领域的科学研究，并支撑如深冰芯钻探、天文望远镜建设等重大科学工程。

■ 中国南极长城站

别林斯高晋的航行证明，南极是一个独立于印度洋、太平洋、大西洋的大陆。对环南极传统意义的科学考察也在这位海军上将激情勇敢的发现之旅中不经意地记上了第一笔。

南大洋是环绕南极大陆、北边无陆界的独特水域，由南太平洋、南大西洋和南印度洋各一部分，连同南极大陆周围的威德尔海、罗斯海、阿蒙森海、别林斯高晋海等组成。

后来的科学家们认为，南大洋在气候方面有均一性，在沟通三大洋、使三大洋深层和底层保持含氧的低温环境方面具有重要作用，将这些水域合为一个整体便于研究；而从该水体的物理特性及其中供养的同一动物区系

■ 中国南极中山站

进行考虑，亦可把它们划为一个独立的海域。

副热带辐合线是一条海水等温线密集带，几乎连续不断地环绕南极大陆，表层水温12～15℃，呈现明显的不连续性。因是水文界线，平均地理位置随季节不同而变化于南纬38～42度之间，故南大洋的面积也不固定，约为7700万平方公里，占世界大洋总面积的22%左右。

自从别林斯高晋在1821年完成环南极大洋的航行之后，科学家们多次进入这片大洋进行科学考察。较系统的有英国1929年—1939年"发现Ⅱ"号船和美国1962年—1972年"埃尔塔宁"号船的调查，还有1973年开始的"国际南大洋研究"计划和苏、美南大洋联合考察活动（1975—1978）等。

令人遗憾的是，在20世纪80年代之前，中国没有能力组织科学家参与这些调查。1985年1月19日，世界南极探险史翻开新的一页，中国首支南极考察队的首个大洋队队长金庆明研究员，向南大洋放入了第一个颠倒采水器，中国历史上首次南大洋考察由此拉开帷幕。

首次南大洋考察历时17天，考察海域在南极半岛西北部海区，考察内容包括生物、水文、气象、化学、地质、地球物理等6个学科23个项目，完成南极海域水深测量8730公里，重力测量约3460公里，磁力测量约3030公里，取得了10万平方公里的多学科资料、标本和样品。

更具有生命标志意义的是，海军潜水员刘宝珠，在菲尔德斯海峡冒险下潜到57米深的寒冷海底，停留5分钟，观察了海底生物，并采集到一批典型样本，其中包括一块长着生物的岩石。刘宝珠是在南大洋海域下潜的第一个

■ 中国南极昆仑站

中国人。之后，中国对南大洋的考察由长城站所在的南极半岛邻近海域逐年向东西两翼延展，中山站建立后，南大洋的考察也延展到中山站附近的普里兹湾一带海域。

2013年3月，中国第29次南极考察队首次在普里兹湾及邻近海域开展了极地环境综合考察研究，了解普里兹湾及其邻近海域的海洋水文与气象、海洋地质、地球物理、海洋生物与生态、海洋化学等环境基本信息，为该海区的环境气候综合评价及油气、天然气水合物、生物等资源潜力评估提供基础资料。

但是，在中国已完成的29次南极考察中，还没有一次环南极大陆的大洋考察。习近平同志指出，建设海洋强国是中国特色社会主义事业的重要组成部分。党的十八大做出了建设海洋强国的重大部署。实施这一重大部署，对推动经济持续健康发展，对维护国家主权、安全、发展利

益，对实现全面建成小康社会目标、进而实现中华民族伟大复兴都具有重大而深远的意义。这也是中国航海人和科考人的中国梦。

2013年11月11日，中国第30次南极科学考察队大洋队队长矫玉田在"雪龙"号船经过苏拉威西海的时候，释放了本航次的第一个探空气球，以探测大气剖面的温度、湿

■ 科考队员放探空气球

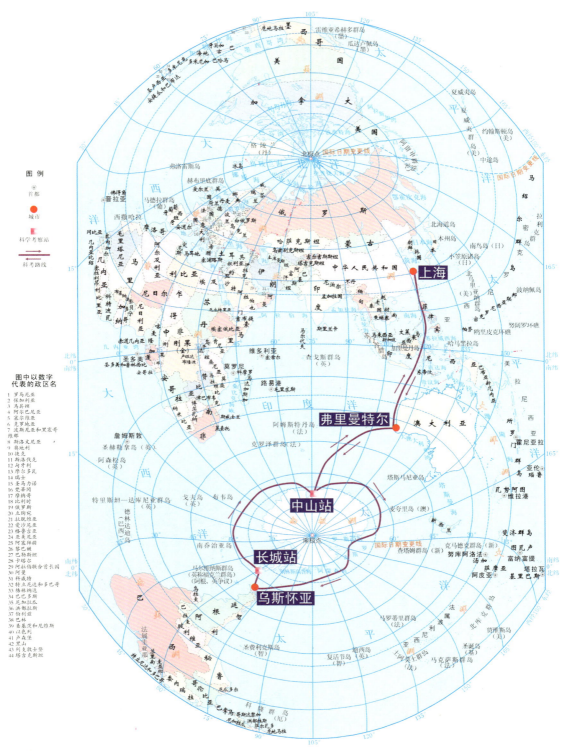

■ 中国第30次南极科学考察队航线图

度、气压等要素。大洋的气象调查也是本航次环南极大洋考察的重要组成部分，矫玉田的这个"第一"也拉开了我国首次环南极大陆大洋考察的序幕。矫玉田是中国海洋大学海洋环境研究院的教授，多次参加或带队进行南大洋考察。

按照国家海洋局批准的考察计划，"雪龙"号船将从中山站出发东行，经罗斯海维多利亚地，到阿根廷乌斯怀亚港，然后经过长城站，通过南极半岛附近海域，最后回到中山站，全程开展多学科的大洋调查项目，收集南极大陆周围海域的地质、地磁、地貌、重力、多道地震、水文要素、海流、生物、大气等几十个学科的资料。

　　按照第30次南极考察计划，重头戏是建设中国南极
第四个考察站——泰山站。通过29次南极考察和30年的
建设，中国已在南极大陆建立了长城站、中山站、昆仑站。
长城站和中山站都位于南极大陆的边缘地区，昆仑站则
建在南极内陆冰盖最高点。

　　中山站与昆仑站之间距离遥远，物资运输困难。从昆
仑站建立开始，国家海洋局极地考察办公室便着手调查
研究在南极昆仑站与中山站之间建设中继站的地理与技
术问题。2013年3月，国家发改委批准了国家海洋局提出
的建设泰山站的项目规划。

　　我国在南极大陆建设的考察站，一直未配备飞机，从

中山站到昆仑站的交通只有雪地车，路上需要克服零海拔到海拔4000米的急剧变化，以及复杂的冰雪路面，不仅花费时间，而且经常出现险情。拟建的泰山站附近冰面具备良好的冰面机场建设条件，建设固定翼飞机冰雪跑道，通航供南极考察专用的特种固定翼飞机非常合适；而且，如果在飞机上安装遥感设备，就可以在空中开展大范围的遥感观测监测，使科考由平面向立体化转变。泰山站的建设，将大大提高科考的效率，扩大科考的范围。

"泰山站"是在我国南极内陆站全国征名活动中得票数仅次于"昆仑站"的站名。泰山是中国五岳之首，在国内和国际上有极高的知名度，有稳如泰山的含义，具有强烈的中国文化色彩。

泰山站的规划：满足20人度夏考察、生活的内陆夏季考察站；主体建筑410平方米，辅助建筑590平方米，总建筑面积1000平方米，设计使用寿命15年。

泰山站将运用多项新能源和节能技术：使用太阳能、风能发电系统来提供能量，可降低废气的排放量，减少对环境的污染；回收发电设备产生的废热，为工作站所有的居住区域提供采暖，为生活用水系统融化积雪，给考察站的深钻井融化积雪；回收排气系统的余热，来预热通风系统外面的空气。

泰山站的定位之一是中转枢纽站，具备科学观测、人员居住、发电、物资储备、机械维修、通信及应急避难等功能，配有车库、机场、储油设施。

目前，我国在南极建立的科考站中，长城站、中山站为常年站；昆仑站目前只是夏季站，但未来也将建设为常年站；届时，泰山站将成为唯一的夏季站。

泰山站所在的东南极冰盖伊丽莎白公主地，周围地

势平坦开阔，坡度约为0.35度，没有植物生长发育，动物活动罕至。距离中山站约520公里，距离昆仑站715公里，距离格罗夫山85公里，既可为中山站通往昆仑站、格罗夫山、埃默里冰架区域考察提供中继支撑、应急保障以及航空地面支撑，也是进行地质、冰川、测绘、大气（气象）、地磁、卫星遥感等科学考察工作的理想之地。

经过前几次对泰山站拟建地址的考察，泰山站所在区域冰厚达到1900米，冰下地形平坦、起伏小，雪丘高度小，很少超过20厘米，冰面光洁，雪层密度较高，冰川运动速率也在每年20米的范围内，为建站及运行维护提供了非常优良的条件。

夏 季 站

夏季站指仅供考察队在夏季使用的科考站。南极只有冬、夏两季，夏季时间约为3个月，气温相对较高。此时，南极大陆外围南大洋的海冰融化，适合破冰船抵达大陆边缘进行补给和人员轮换，并进行较大规模的野外调查。

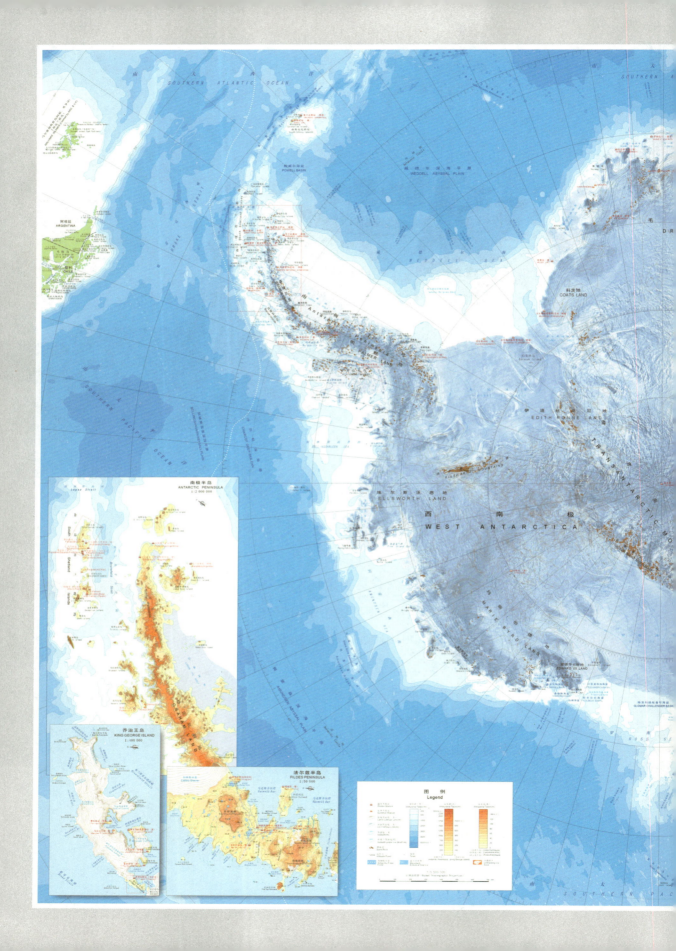

南极考察站

目前，有28个《南极条约》协商国在南极地区维持运行着41个常年考察站和42个夏季考察站。其中，南极大陆上规模最大的考察站是美国麦克莫多考察站。

二 行走天涯的科学城

　　风好正是扬帆时，不待扬鞭自奋蹄。

　　"雪龙"号船一路航行，由苏拉威西海，经望加锡海峡、龙目海峡驶入印度洋。驾驶台上电子航海图显示的航行路线，是一条由北往南偏西的航线。

　　船过苏拉威西海的时候，天气晴好，海上风平浪静，船体冲开的波浪，由近及远，向天际游去，美丽而富有诗意。蔚蓝的海水中，不时有海豚翻滚，飞鱼掠过，引得"雪龙"号船的队员们纷纷到甲板拍照留影。

　　早餐时，船长王建忠笑逐颜开："我们终于又跑过了西北太平洋气旋。"

　　西北太平洋的热带气旋，是全世界影响力最大的海洋灾害之一，例如这次躲过的代号"海燕"的热带气旋，对我国台湾、大陆东南沿海都造成了很大的影响，对菲律宾来说更是一场巨大灾难。在"雪龙"号船南下的几天里，也正逢西太平洋的热带气旋生成旺季，有时候一天之内有几个气旋在洋上旋转，一个接一个地袭来，所以船长说，又跑过一个气旋了。

　　1976年5月，我国首次开展南太平洋特定海域海洋科学综合调查的第一艘海洋调查船"向阳红5"号，就在菲律宾棉兰老岛东部、印度尼西亚北部遇到3个成"品"字形向菲律宾和中国沿海运动的台风，把"向阳红5"号船回国的航线全给堵住了。

　　"向阳红5"号船船长马荣典依靠本船测风雷达和接收的卫星云图判定三个台风的运动方向和速度，在前有

"堡垒"、后有"追兵"的危险海域内，动员全船300多名船员和科技人员坚强抵抗台风，驾船勇敢地从前一个台风的右半圆切入航行，以11~13节的安全航速劈波斩浪，硬是冲出了12级大风区，转道巴布延海峡，穿苏禄海，顺利回到祖国。

在科学上没有平坦的大道，只有不畏艰险沿着陡峭山路攀登的人，才有希望到达光辉的顶点。

现代化海洋考察船一般都有较强的气象导航功能，是"跑"得过台风的。

■ 气象预报员在分析气象云图

"雪龙"号船体1993年在乌克兰赫尔松船厂完成建造，我国购买回国后命名为"雪龙"号，2007年进行大规模改造。该船技术性能先进，达到国际领先水平，也是我国唯一能在南极海区航行的破冰船。

■ 气象预报员在观测气象数据

"雪龙"号船装备有先进通信、导航、定位系统，拥有随船直升机2架及可供直升机起降的平台、机库和配套设备，以及医疗和生活娱乐设施。船上设有大气、水文、生物、计算机数据处理中心、气象分析预报中心和海洋物理、化学、生物、地质、气象等一系列科学考察实验室。

"雪龙"号船远征南极的气象导航依靠两大系统，一是船载现场测报和预报系统，二是国家海洋环境预报中心。前者是现场测报，根据当时当地收集的资料作初步的分析预报，是船上的"气象官"，也是船长抗击热带气旋的"专业参谋"；后者通过现代科学手段收集和采集全球范围内的大气和海洋数据，再比对"雪龙"号船"气象官"测报的资料数据，做出天气形势分析和预报。在"雪龙"号船出海期间，国家海洋环境预报中心每天至少有一份"雪龙"号船所在海区的天气预报传真到船上，供船长应对恶劣的气象环境作参考。船长王建忠说，又跑过了

一个热带气旋，实际上是在气象预报相当精准、船上又有天气雷达的情况下，他知道气旋在哪里、向哪个方向运动、多少速度，船才能够"跑"得过的。

天气和冰情预报是"雪龙"号船横跨三个气候带、远征南极的重要安全保障。

望加锡海峡是亚洲和欧洲间的重要洲际海上航道，也是东南亚区际航线的捷径，它与龙目海峡相连，成为连接太平洋西部和印度洋东北部的战略通道。

11月15日，"雪龙"号船观察到龙目海峡的一个奇特现象：海面上跳出一朵朵杂乱无序的浪花，形成一条条带状的"沸腾"海水，船航行至此，如入沸水般震荡，甚为奇特，一时给考察队员们单调的海上生活增添了不少兴致。

■ 极地大洋科考

■ 科考队员进行南大洋温盐深数据采集工作

　　龙目海峡因地壳断裂下沉而形成，水道幽深，岸壁陡峭。由于海流的强烈侵蚀冲刷，至今仍在继续加深加宽。由于海峡内的海流以南北向为主，而印度洋的洋流则以东西向为主，两股洋流在龙目海峡的峡口相遇，相互冲撞，便形成激荡的水花，从海面上看，就像煮沸了的水一样。

　　爱因斯坦说："探索真理比占有真理更为可贵。"科学是没有国界的，因为它是属于全人类的财富，是照亮世界的火炬，然而科学家属于他的祖国。

　　"雪龙"号船载有我国的洋流学家，但是探测两大洋之间洋流的奥秘并不是他们此次远征的任务。"雪龙"号船作为我国唯一专门从事南北极科学考察的破冰船，不仅肩负南极"一船四站"后勤物资的保障任务，更为重要的是承担我国长年大洋调查和科学实验的重任。

　　本航次负责大洋探测与研究的大洋队队长是矫玉田，他的研究项目需要使用船上的近百种仪器设备，其中很大一部分是国内外最先进的。

　　科学最根本的精神就是求真。仪器设备的多少和专精程度，是一艘海洋考察船科研能力的表现。整体上看，"雪龙"号船的仪器设备除了一般船舶出厂时就已具备的轮机、驾驶、救生、货物吊装等适航仪器和设备外，作为一艘两极航区的现代化科学研究船，还装备有众多特殊的、智能化的仪器和设备。

　　"雪龙"号船排水量两万多吨，宽阔的多层甲板可以安装从探测海底到高空的许多固定的仪器和设备，也可

■ 普里兹湾投放浮标

以空置一些甲板面，用以临时架装一些新探测项目的仪器和设备。

南极科考充满艰险，对常人来说，却总是带着几分神秘。眼前这些仪器和设备就鲜为人知，有的奇形怪状，长臂短腿，笨头笨脑；有的像"机器人"一样，每天自动完成它的"本职工作"；隐藏在船底的是专门向海底发射声波和接收回声的声呐窗口，看起来没有什么特别，却是科考船安全和科学探测的重要保障。

用于探测的仪器设备有：船左舷的水文生物绞车，用来进行海洋水文生物取样，主要用于捕获浅水浮游生物和测量表层的海水流向和流速等；船右舷的海水温度

■ 温盐深仪器采水作业

■ 科考队员进行南大洋生物采样工作

盐度深度探测仪和配套绞车，能同时起吊36瓶12升采水器，可将不同深度的海水多项指标和参数直接传至实验接收器；艉部左舷安装了一台地质绞车，可进行万米海底地质取样和一般的海底探测；船底部安装了先进的双频测深仪的发射器，可通过多个视窗，实时显示船航行海域的回波图形、扩展海底、振幅范围以及水深值；船中部安装了两套双传感器CTD911仪器，可获取0～6000米水深剖面的海水温度、盐度、深度、溶解氧、叶绿素实时连续数据；船工甲板安装了海气二氧化碳通量分析仪，对走航表层海水进行海气二氧化碳通量对比研究；安装了走航表层海水供水系统，为各实验室和各走航观测设备提供在航期间连续的表层海水样品；为调查沿途海域生物资源，船上安装了EK60鱼探仪。

近年来，PM2.5成了街谈巷议的话题，大气污染调查也就成为现代科技热门，它也是第30次南极科学考察的项目之一。船上安装了三台来自中国科技大学的智能大容量空气总悬浮颗粒采样器，可沿途采集3.15万海里空气中的气溶胶样品。从上海到南极，再从南极回上海，考察队员每天更换一张经过特殊处理的石英过滤膜，然后低温保存，把石英过滤膜带回国内实验室进行分析。

■ 科考队员进行数据采集工作

■ 科考队员进行海冰观测工作

走航式科考船

走航式科考船一边航行一边测量海洋的各种数据，一边测量一边将数据传到船舱内的计算机。航程结束，科学家们就可得出阶段性的研究结论，部分数据还可以供船舶航行使用。

作为一艘专业的海洋科学考察船，"雪龙"号船安装了一系列走航式自动化、剖面连续化观测、测区全深度观测、数据网络化共享的科考设备，可满足物理海洋学、化学海洋学、海洋生物学、海洋地质学、气象学以及与极区海冰相关学科的考察需要。

"雪龙"号船上实验室面积约570平方米，相当于一个海洋台站的建筑面积，设置样品冷藏库、低温实验室、科考信息管理系统、电子海图综合显示平台、科考现场监控系统、科考数据采集系统等。这些信息平台和信息系统，都在船内各个重要的岗位和舱室设置了分系统和显示器，可实现船舶航海信息、科考现场信息以及走航式声学多普勒海流剖面仪（ADCP）、气象站、CTD绞车、鱼探仪等科考设备的数据采集与输出。

　　船上的气象中心，可以接收所在海域的卫星云图，自动测量当地的温度、气压、湿度、风向、风速等气象资料，为本船在气候变化无常、极其恶劣的极地海区航行提供安全保障。

　　位于二层的水文资料采集室，集中了一大批先进的科研仪器，其中有用于搜寻磷虾和其他南极水生动物的鱼探仪，加上数据处理中心、样品间、伸缩吊车等配套设施，科研人员可在船上进行一系列海洋考察与研究项目。

　　"雪龙"号船不仅是一艘破冰船、科学考察船，还是一座供科学家进行研究实验和设坛讲学的科学城。科学是使人的精神变得勇敢的最好途径，人类借助于科学，才能纠正发展中的缺陷。

　　一座行走天涯的科学城，承载着的是一个民族伟大复兴的梦想，有如万里苍穹闪光的希望。科学城中，星光灿烂！

■ 科考队员进行南大洋洋底样品采集

无论是天涯海角，还是风雪交加
是的，我总是愿意向着梦想走
我是你不畏艰险、愈战愈勇的战士
你是我风雨沉磨、永远温暖的家

（二） 血肉之躯的钢铁团队

随着"雪龙"号船一路向南，没有了时差的调整，队员们已基本适应了大洋航行生活，厨师长包志相安排的两荤两素加一汤的中、晚餐，队员们个个吃得心满意足。天气越来越热，许多人都穿起短袖，精神抖擞，干劲十足。

"雪龙"号船是一艘钢铁巨舰，而科考队员和船员却都是血肉之躯，面对穿越大洋的艰巨任务，他们必须拥有钢铁般的意志。钢，是在烈火与骤冷中铸就的，只有这样才能变得坚硬无比，什么都不惧怕。"雪龙"号船搭载的就是一个坚忍不拔、不屈不挠，具有钢铁般意志和"爱国、求实、拼搏、创新"精神的科学团队。

刘顺林　　　夏立民　　　徐　挺　　　王建忠　　　王硕仁　　　赵炎平

　　带领这支队伍走向南极的领队、首席科学家刘顺林，是中国极地研究中心副主任、研究员，多次参加南北极的科学考察，曾担任中国第27次南极科学考察队领队。副领队夏立民、徐挺都是南极科考界的著名人物。

　　乐观、勤奋、坚韧，国家海洋战略的责任，在"雪龙"号船上是一种对于国家、民族的无言大爱，更是一种不同岗位的无言坚守。在这里，爱是平凡的付出；在这里，爱在岗位上闪光！

　　"雪龙"号船上有许多多次执行南极考察任务的船员，他们都是经验丰富、水平极高的"航海家"。不说船长王建忠，政委王硕仁，就说见习船长赵炎平，浙江人，从2004年开始到现在已经是他第9次执行南极科考任务。

　　轮机长吴健，49岁，上海人，主要负责船上的动力设备以及供电、供水、供暖、制冷等能源设备。

　　"雪龙"号船团队还有二副肖志民、二管轮陈晓东、水手长唐飞翔、系统工程师袁东方、工程师何金海、网络工程师李铭剑、实验员吴林、实验员夏寅月、厨师尹全升等。

■ 新华社随船记者张建松

■ 中国海洋报社随船记者赵宁

　　"雪龙"号船上，时常会出现一位亮丽活泼的女性身影。她是新华社记者张建松，一位两次登南极，一次赴北极，走南闯北的巾帼英雄，也是中国现代海洋报道领域综合素质优秀和极地考察新闻报道最多的记者。在随"雪龙"号船第30次南极考察中，她得到了独家报道新闻和发博客的"绝对权力"。

　　中国海洋报社记者赵宁也随船进行新闻报道。

　　"雪龙"号船还是南极长城站、中山站、昆仑站的工作母船。每次从上海出发，总会上来一些或熟悉或陌生的面孔，他们来自全国各大科学院所，来自数以百计的科学领域与行业，拥有一个共同的目标：去长城站、中山站或昆仑站，去考察南极大陆。在长年考察站里，来自全国各大院所的科研和工作人员，在那里"过冬"。

　　路漫漫其修远兮，海雨天风任来去。现在中国第30次南极科学考察队乘坐"雪龙"号南极科学考察船，又一次从上海中国极地考察国内基地码头出发，远征南极，执行为期近半年的科考任务。

第二章
紧急救援

　　Mayday，Mayday……一组急迫的信号绷紧了"雪龙"号船的神经。"雪龙"号船完成中山站的补给和普里兹湾的考察后，向东航行前往维多利亚地考察，途中收到俄罗斯"绍卡利斯基院士"号船的遇险求援信号。爱是生命的火焰，没有它一切将坠入黑暗。中国"雪龙"在第一时间向海平线外的呼唤伸出了爱的援手。中国走得最远的海上力量，向俄罗斯"绍卡利斯基院士"号船实施救援，中俄两国及全世界无数关切的目光都集中到这片冰欺雪压的洋面上。

冰海荣光

"雪龙"号船南极救援脱困全纪录

一位伟大的哲人说过

爱，是天上最明亮的星辰

我听到你急切的呼唤了

请多一点勇气，多一点耐心

无论夜有多长，冰有多冷

你会触摸到我滚烫的心

来，让我们把手挽得更紧

星星和太阳，将因此而永恒

一 海平线外的求救信号

2013年12月25日，北京时间清晨6时左右，南大洋上的"雪龙"号船（南纬62度35分，东经124度30分）正以每小时15海里的速度从中山站沿南极大陆向东航行，前往罗斯海的维多利亚地开展建站考察。这段航程的航渡里程3000多海里。

突然，挂在驾驶台左方背壁上的一台甚高频电话急速发出不平常的信号：Mayday! Mayday! Mayday!

这台甚高频电话属于全球海上遇险和安全系统（GMDSS）专用电话，它用的是中英两种语言呼叫，声音也有些嘈杂，但值班驾驶员立刻明白这是一个不平常的电话，他跨前两步，抓住电话听筒，调好频道，回答："我是中国'雪龙'号船……"

Mayday

Mayday是船只或飞行器遇险时使用的国际无线电求救信号，通过无线电信号或语音通话发出。船只或飞机在任何频道发出Mayday信号都可被听懂。世界各地海事搜救中心、海岸巡逻队、航空管制中心等救援组织，都有24小时专人监听的专用遇险频道。海事救援使用的是中频2182千赫及海事甚高频（VHF）第16频道；航空使用的是121.5兆赫及243.0兆赫。

■ "绍卡利斯基院士"号

海上求救信号（1）

海难事故与航海活动相伴而来，早在距今约5000年前的古埃及就有了海难事故的记载。19世纪末，无线电的发明及在航海中的运用为人类提供了一种先进、快捷的报险手段，如航海无线电的先驱马可尼公司在该公司的船上和岸上电台中使用"CQD"作为遇险信号，但各国的航运公司没有统一的遇险信号，这给海难救助带来了极大的不便。1906年，在柏林举行了第一次国际无线电大会，专门讨论了无线电通信中如何统一使用国际性的遇险信号问题，最后同意使用德国代表提出的"SOE"方案。但鉴于"SOE"中的"E"在无线电拍发时信号过于短促，容易被干扰，所以一致同意将"SOE"改为"SOS"，作为国际通用的遇险信号。

20世纪初，莫尔斯电码"SOS"被确定为国际通用求救信号，代替了早年的焰火、声光信号弹等可视求救信号。1999年2月1日，全球海上遇险和安全系统在世界各航运国家全面启用，代替了人们熟悉的"SOS"。

在海上，当搜救中心收到Mayday信号，可能会派出飞机或船只到场搜救，附近的船只也可能改道前往现场协助。

中国在各个海区和世界各大洋航行的船舶，都在驾驶台或者通信室安装了至少两台以上多频道甚高频电话、传真机。这是国际海事组织依靠现代无线电通信技术建立起来的一种崭新的搜寻救助通信系统，适用于全球所有海区的各种船舶及海上设施的海难救助。当船舶在海上遇险时，可通过船上装备的甚高频、中频或高频数字选择呼叫设备及国际海事通信卫星，向附近船只或岸站发出求救信号，地球上所有地方都可以听到并能够与之迅速进行通信联络，进行紧急救援工作。这比过去采用SOS一分钟显示八十个字符的莫尔斯电信设备要快速、准确、方便得多。

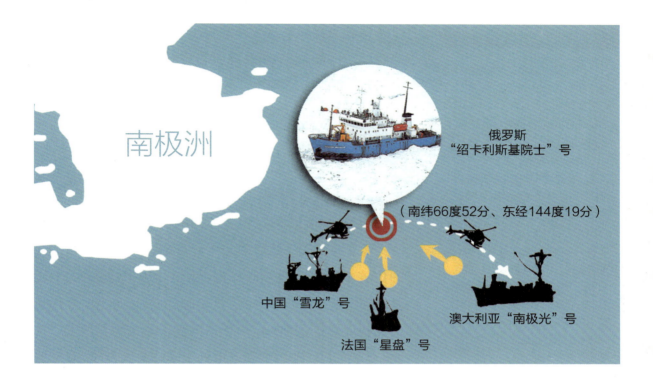

俄罗斯
"绍卡利斯基院士"号

（南纬66度52分、东经144度19分）

中国"雪龙"号

法国"星盘"号

澳大利亚"南极光"号

南极洲

　　南极是一个气候条件十分恶劣的区域，历史上无数航海家就长眠在这里。

　　船舶进入南极圈之前，有盛行西风带的风灾遭遇，进入南极圈之后，冰灾、雪灾、风灾和冰雪围困的事故，几乎每年都会发生。一座从北极海域漂出来的冰山就足以让豪华巨轮"泰坦尼克"号倾覆沉没，而从南极冰川上滑下来、漂出来的冰山成群结队，数不胜数。

　　值班驾驶员了解到，这个不平常信号来自澳大利亚海上搜救中心，以中、英文两种文字传送，主要内容是：在南纬66度52分、东经144度19分的南极洲东部靠近南磁极点联邦湾海域，俄罗斯"绍卡利斯基院士"号船被冰面围困，发出最高等级遇险信号求救。该海域以冰层厚、天气恶劣而著称。

海上求救信号（2）

"SOS"在英文中可以解释为"救救我们的船"或"救救我们的灵魂"，而且在无线电拍发时信号特征非常明显，容易引起收报者的注意。

但随着海洋航运业的不断发展，原本宽广的海上交通变得拥挤起来，航行安全问题越来越成为人们关注的重点。人们发现"SOS"已经无法适应航运业的发展了：首先它是在甚高频和中频上发送，通信距离较近；其次使用人工拍发，速度慢，而且容易发生误操作与误接收。为了克服"SOS"的不足，1979年国际海事组织提出建立全球海上遇险和安全系统的计划。1991年开始在全球实施海上遇险和安全系统（GMDSS），1999年2月1日起完全取代"SOS"。

GMDSS充分利用了高新技术，船舶海上遇险时可通过船上装备的甚高频、中频或高频数字选呼设备及国际海事通信卫星，向附近船只或岸站发出求救信号，以便得到及时救助。海事通信卫星还可精确地标注海难船只的方位，引导救援船只前往营救。

驾驶员立即将这个突发的海事救援信息记录在当天当时的航海日志上，接着拨通船长室的电话。一分钟后，"雪龙"号船船长王建忠、见习船长赵炎平、考察队领队刘顺林迅速跨入驾驶台，和驾驶员一起来研判这个突然出现的信号。

此时，驾驶员按值班职责已将遇险船只的遇险地点标注在了航行电子海图上。"雪龙"号船距离俄遇险船直线距离约600海里，相当于上海到武汉的距离。

经验丰富的王建忠船长十分清楚，"雪龙"号船所处的位置距俄罗斯遇险船最近，无论是出于人道主义，还是遵照国际海事规约，都应该实施救助，于是当即让驾驶员准备计算修改航线。由于遇险船只所处的位置与"雪龙"号船的目的地维多利亚地处于同一个大方向，值班驾驶员只需将原来的90度调整到100度。

全速前往？不行！王建忠船长也明白，"雪龙"号船是中国目前唯一的极地考察船，每个航次的考察任务都具有较高的科学价值，携带的仪器设备价值不菲，同时

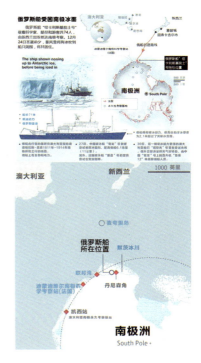

救援行动还涉及外事、国际规约、船舶安全以及中国南极各考察站的建设、供给等诸多问题。像这样一次跨越600多海里的救援行动，势必会影响到既定航程和年度极地考察任务的完成，千万得谨慎抉择！不仅一船之长做不了这个主，航次的领队刘顺林也决定不了，需要请示上级指挥机关。

电波频传，"雪龙"号船心系俄罗斯遇险客轮。

12月25日早7时，国家海洋局极地考察办公室主任曲探宙的电话就响了起来，第30次南极科学考察队领队刘顺林通过卫星电话报告，"雪龙"号船收到俄罗斯船遇险求救信号。曲探宙主任是国家南极考察项目计划的协调人，对"雪龙"号船临时改变航线参与国际救援这类事，有决策的建议权。他立即回复刘顺林："马上传请示件过来，说明情况和你们的意图，我马上请示局领导决策。"

与此同时，俄罗斯船在南极遇险的报告也由全球海上遇险和安全系统传递到南极周围各海区和岸台，澳大利亚海上搜救中心向在附近考察的澳大利亚破冰船"南

极光"号和法国考察船"星盘"号均发出了救援信号。

12月25日北京时间9时许，"雪龙"号船请示救助俄罗斯"绍卡利斯基院士"号遇险船的越洋传真到达国家海洋局极地考察办公室，曲探宙通过"特急件"呈文国家海洋局办公室。分管极地工作的陈连增副局长和刘赐贵局长向曲探宙问明情况后立即依序签阅："同意前往，实行救助。"

这是面对国际危难时的大国担当，在人道主义、国际规约面前，两位决策者没有丝毫犹豫。中国正以一个负责任的大国形象，站立于世界舞台上。

10时，已调整航行计划的王建忠船长，接到曲探宙发来的指示后，发报回复俄罗斯"绍卡利斯基院士"号船长和澳大利亚海上搜救中心："我船已转向，全速前往遇险海域救援。请保持联系！"

很快，俄罗斯船船长回复："感谢'雪龙'号船，感谢中国！"并把进一步的情况报告给了王建忠船长。

■ 船长王建忠指挥救援行动

至此，一项长驱600海里冰海的国际大救援行动，在国家海洋局的总指挥下，由极地考察办公室、中国极地研究中心、国家海洋环境预报中心、"雪龙"号船联合展开。

澳大利亚海上搜救中心的电报来了："感谢中国'雪龙'号船无私救助！"同时，还告知，俄罗斯船遇险海域附近还有澳大利亚的"南极光"号船破冰船，已随"雪龙"号船之后参加救援。

国家海洋环境预报中心急传气象报告：一个强大的西风带气旋横扫"雪龙"号船航行的海域，气旋中心最大风力达到11级。

以往遇到这种恶劣天气，"雪龙"号船都会采取避风措施。这次，为了尽快赶到遇险地点，船长王建忠决定从西风带气旋中心穿越，"抄近路"。然而，修改航线后，随着"雪龙"号船越来越靠近南极大陆，浮冰也越来越密集。

但"雪龙"号船有足够的勇气和智慧，也有足够的燃油和淡水。中国"雪龙"是俄罗斯遇险船最硬的"靠山"。

25日晚间，"雪龙"号船成立了以领队刘顺林为组长的应急救援小组，全面负责组织和实施救援工作，并初步制定以"雪龙"号船破冰、"雪鹰12"直升机与"黄河"艇救援等多套方案。船长王建忠负责航行安全，布置大副、二副、三副及轮机各部按职责全面检查设备，做好航行和救援的各项保障。

27日下午，"雪龙"号船顶着11级西风，剧烈地摇晃颠簸着冲出了气旋中心，王建忠船长再次调整航线，直奔"绍卡利斯基院士"号遇险地点。

海上搜救工作相关的国际公约与法律法规

　　海上救助的义务主要体现在海上人命的救助上。船舶对来自海上的遇险信号做出响应既是一个古老的海上传统，也是法律所规定的一项义务，多体现在有关的国际公约和国内法律法规当中。有关海上救助义务的规定，不仅针对海上船舶，而且也针对沿海国家及岸上有关机构。

　　主要的国际公约有：

　　（1）《联合国海洋法公约》

　　（2）《1974年国际海上人命安全公约》

　　（3）《国际民用航空公约》

　　（4）《1979年国际海上搜寻救助公约》

　　主要的国内法律法规有：

　　（1）《中华人民共和国突发事件应对法》

　　（2）《中华人民共和国海上交通安全法》

　　（3）《中华人民共和国安全生产法》

　　（4）《中华人民共和国海洋环境保护法》

　　（5）《防治船舶污染海洋环境管理条例》

　　（6）《中华人民共和国无线电管理条例》

　　（7）《中华人民共和国搜寻援救民用航空器规定》

二　全世界期待的目光下

"雪龙"号船有两台新闻"发报机"，一台是全媒体、多功能的新华社特派记者张建松，另一台是中国海洋报特派记者赵宁。在随"雪龙"号船出航期间，这两台"发报机"白天黑夜随时报道船上或海上发生的特别事件，图片、文字、视频、博客、微信、邮件应有尽有。新华社、中国海洋报收到这些稿件后，第一时间编发，国内、国际媒体都能在极短的时间内转发这些新闻。"绍卡利斯基院士"号船遇险并由"雪龙"号等船组织营救后，全球数千家媒体每天通过这个信息渠道获得最新资讯，滚动报道救援的进展，几乎全世界都在注视着这片遥远的冰封大洋里发生的一切！

■ 新华社随船记者张建松

■ 中国海洋报社随船记者赵宁

　　12月27日，新华社记者张建松报道："雪龙"号船通往"绍卡利斯基院士"号船的路已被冻住，形成巨大的冰面，找不到冰隙。远远看去，只见蓝白相间的船只深陷于浮冰中，船体已向一侧倾斜，船舷上清楚地写着俄文船名"绍卡利斯基院士"。

　　"绍卡利斯基院士"号船如同一片秋天的落叶，无奈地粘在了白色的冰原上。不是身临其境，简直想象不到它是怎么"飘"进去的。

　　"绍卡利斯基院士"号船已被困浮冰之中近一天一夜。它在南极的浮冰间无谓地前行、倒车、前行、倒车，试图自行脱困。但作为一艘"冰间航行级"船只，"绍卡利斯基院士"号船基本不具备破冰能力。而此时，风向已转为

西南风且逐渐加强，暴风雪使得浮冰进一步聚拢、冻结。

应急救援小组展开了地图，从情势上看，围困"绍卡利斯基院士"号船的浮冰区位于东南极阿黛利地，为南极近印度洋的一角，与法国迪维尔科考站相距不远，不断移动的南磁极也隐藏在这一片白色的冰雪中。

"雪龙"号船通过全球海上遇险和安全系统获悉："绍卡利斯基院士"号船属于俄罗斯联邦水文气象和环境监测局远东水文气象研究所，但是这艘以科学家名字命名的船到南极来，却不是这个研究所本身的探险项目，而是搭载一些有探险好奇心的游客到南极来"探险"，这些乘客共有52人。

南极对人类的吸引力显然不止在领土主权、资源和科学研究，还有文化、经济的需求。南极更像一道人类生存的终极谜语，像一块精神磁石。有关资料显示，现在每年以探险旅游的名义进入南极的旅游者已突破4000人次。

进入南极探险或者科学考察，其风险是显而易见的。这里平均每年有300天会刮8级以上的大风，法国的迪维尔站曾观测到每秒100米的强风，相当于12级台风风力的3倍。

南极狂风导致的直接后果是温度骤降。医学研究表明，在这样的大风中站立10分钟，人的四肢便会失去知觉，15分钟后皮肤开始冻伤，不足20分钟便会因全身冻僵而死亡。因此，暴风来临时，考察队会调整野外作业时间，确保考察队员的生命安全。

12月23日，"绍卡利斯基院士"号船到达目前的位置，海冰随南风运动，水面开阔。船停泊在冰中，卸下考察设备，科学家开始进行采样等工作，其他乘客也开始进行观光活动。

当天16时，风向开始变换为西南风，于是船长通知大家立即撤离。18时开船的时候，发现有4块大浮冰结板，挡住了去路。

■ "绍卡利斯基院士"号遇险乘客

　　12月24日，"绍卡利斯基院士"号船在一座漂移的冰山的挤压下，被推进了一个水塘般大小的海域里，接着傍晚的低温又让这个水塘周围的冰层加厚——船，被坚冰围住了。

　　对于他们来说，这个圣诞节的平安夜一点也不平安。

　　"绍卡利斯基院士"号船上乘客和船员共有74人，如果被浮冰冻住无人施救，就必须等到老天开眼，气温升高，风向转变，或浮冰奇异地漂开，船上的食物、燃料、取暖设备必须支持到脱险，一旦"木桶"最短的一块板"漏水"，厄运就会降临。原以为等待天气变化，自己可以摆脱困境，但后来发现无法做到，而且有冰山威胁，"绍卡利斯基院士"号只好发出紧急求救信号。

　　突发事件的确打破了往日的平静。"雪龙"号船前往救援遇险的俄罗斯"绍卡利斯基院士"号船的消息通过国家海洋局网站和新华社、人民日报、中央电视台传播到全国，美国、法国、英国、澳大利亚、俄罗斯等国家的各大媒体均在第一时间播发这一条消息。中国国家海洋局极地考察办公室、中国极地研究中心、国家海洋环境预报中心、"雪龙"号船和"绍卡利斯基院士"号船立即成了舆论的焦点。

　　12月27日晚，"雪龙"号船到达俄罗斯船遇险地点，距离俄船6.1海里时，碰上了厚度达3~4米的坚冰，船走不动了。船长王建忠试图通过破冰开掘一条路，接引俄船脱险，但冰块很硬很厚，完全是一场重量级不相当的拳击赛，面对眼前坚冰，"雪龙"号船根本就破不动。

　　"雪龙"号船的破冰原理很简单，就是重力破冰。驾驶员把船体开进到冰面上边，靠船体的自重或加压载水把冰层压崩压垮，压垮一段走一段，这样一段一段地前进，就能开辟一条碎冰水路。"雪龙"号船的船头水下部分有一个强度很高的斜面设计，当遇到冰块时，船体能够借助动力提供的冲击力，瞬间沿斜面抬高，进而"骑"上冰面。"雪龙"号船的设计破冰能力为破1.2米厚的冰层。

　　"雪龙"号船奋力打拼，无奈天公不作美，救援行动无效果。国际媒体、国际海事机构和"绍卡利斯基院士"号船都把焦点聚集在"雪龙"号船上。面对复杂的海情和冰情，领队刘顺林也心急如焚，召开临时党委会，研究对策。

■ 救援前线会议

经过讨论, 与会成员意见是:

1. 考虑到"雪龙"号船自身安全, 且受困船只和人员目前不存在危险, 决定停止强行破冰, 原地机动等待后续破冰能力强的船只到来, 或天气转好浮冰自行松散后再行施救, 但要继续扩展作业面, 以便自身机动调头, 防止被困;

2. 在俄船人员遇险的紧急情况下, 考察队将启动应急救援方案, 派"雪鹰12"直升机前往俄船附近安全冰面救援受困人员;

3. 王建忠船长向澳大利亚海上搜救中心提交情况报告, 考察队向国内传真汇报当前现场情况。

27日夜间, "雪龙"号船救援破冰受阻, 轮机长吴健心里暗暗着急, 因为, 往常船满载时吃水深, 舵和螺旋桨在水下比较深, 一般浮冰对它的影响不大, 而现在, "雪

龙"号船刚刚在中山站卸完货，算是半个空船，吃水比较浅。面对3～4米厚冰，舵和桨叶很容易被浮冰卡住而受损。

吴健和船长都明白，船在冰区航行有两点要格外注意，第一是防止舵被冰卡住，第二是防止螺旋桨内卡入冰块。"因为一旦舵坏了，就意味着'雪龙'号船失去了方向控制，如果螺旋桨内卡入冰块，也容易把主轴损坏，造成螺旋桨无法工作，'雪龙'号船也就失去了动力，后果非常严重。"吴健这样向船长告急。

28日上午，"雪龙"号船所在海域，浮冰还在不断地聚集堆积，浮冰覆盖区域越来越大，"雪龙"号船进来时的清水区，现在已变成了冰封区，而且扩展很快。澳大利亚海上搜救中心给"雪龙"号船发来邮件，告知俄遇险船目前情况稳定，没有紧急疏散乘客的要求。但随"雪龙"号船一同赶来救援的法国破冰船，因在几次突击破冰中损伤了机器，经与俄罗斯遇险船协商已解除救援任务，回到清水区。

法国船退出救援，事先也取得了"雪龙"号船船长王建忠的同意。并不是他们知难而退，法国船的破冰能力还不及"雪龙"号船，机器又坏了，只能退出冰雪区，否则不仅不能解决眼下的困难，还会多一条遇险船需要救援。不久澳大利亚海上搜救中心告知，澳大利亚的"南极光"号破冰船将于29日晚间到达遇险船附近，届时与"雪龙"号船一起破冰救援俄罗斯船，这个消息给王建忠船长稍微增加了一点希望。

28日下午，一直跟踪报道救援进展的中国中央电视台，把直播车开到了国家海洋局楼下，第30次南极科学考

■ 轮机长吴健

察队领队刘顺林接受了连线采访，"雪龙"号船成为世界目光的聚焦点。

29日，"雪龙"号船仍在艰难地破冰，一个大胆方案也在刘顺林脑子里打转转：派出KA32直升机前往俄船受困地点进行观测，空中探冰，寻找飞机救援的方式和路线。

"绍卡利斯基院士"号船长报告：浮冰至少有3~4米厚。

这预示着什么呢？预示着"雪龙"号船的救援行动本身就是扑入险境，因为王建忠船长心里清楚"雪龙"号船的破冰能力，也熟知南冰洋海域海冰的"性情"，破冰船在操作上如有不慎就会出现被海冰卡住、动弹不得的状况。1981年，美国海岸警卫队的破冰船"北极海"号就因为被海冰卡住，冻在海上近一年之久。"雪龙"号船除了救援，还要完成重要的科学考察项目及重大的建站任务，这次救援绝对不能因操作事故而误了大事。

30日，一个利好消息传到了"雪龙"号船上。澳大利亚海上搜救中心通报，"南极光"号船于30日8时27分破

冰前进至距俄"绍卡利斯基院士"号船9.7海里处。但这个好消息很快被无情的事实击碎：因冰情严重和风速过大，"南极光"号破冰船已停止工作，随后返回清水区漂航，等待天气转好。

最为沉重和漫长的时间就是等待，而好天气，能等得来吗？

"雪龙"号船有一个负责航海气象保障的预报组，装备有现代化的SEASPACE船用气象导航仪，能够随时提供"雪龙"号船所在海区的风向、风速、气压、温度、湿度等数据，结合卫星云图判读以及与国内会商，可以较准确地判断当地的天气形势。此时，"雪龙"号船预报组根据天气预报会商结果判断：31日下午将有更强的气旋到来，后续几天现场海域还将持续受到强东南风及降雪的影响，冰情将更为严重。随船预报员于海鹏每隔一段时间，就向领队刘顺林报告一次天气情况。

　　2014年1月1日，天气神奇地出现了好转，没有下雪，云层也较前几天薄了一些，没有了黑压压的感觉。一大早，王建忠眼前一亮，心中阴霾也随天光散去，他立马安排"雪龙"号船往浮冰区破冰，并与"南极光"号船长在电话里达成共识：两船分别在浮冰区的两侧对向破冰，这样可以节约时间，为下一步营救行动争取主动。

　　老天爷似乎专与"雪龙"人作对，海面上的浮冰太厚了，并且紧密结合在一起，当"雪龙"号船加速冲冰的时候，被碰撞的浮冰仅仅是摇晃几下就和旁边的浮冰挤靠在一起，浮雪和坚冰像漂浮在水中的棉花一样，很快就吸收了"雪龙"号船的冲击力。更让人懊恼的是，由于浮冰过于密集，"雪龙"号船刚刚冲冰破开一点空间，很快又被浮冰重新覆盖，这样，"雪龙"号船就始终没有足够的距离"助跑"加速，冲击力难以提高。

　　好在"南极光"号船的破冰，是由外缘向内突破，一天的破冰，成效显著，晚上，两船之间的距离已不到4海

里了。可是，谁也料想不到，这4海里的冰路竟如此遥远，两船使尽浑身解数，最后也没有突破成功。

四天来，"雪龙"号船、"南极光"号船都频频出现在媒体聚光灯下，世界各大媒体争相报道南极救援实况，中央电视台把国家海洋局极地考察办公室的曲探宙主任请到节目中，希望他能向观众解释"雪龙"号船不能顺利破冰实现救援的原因。极地办的老船长魏文良、极地中心的老船长袁绍宏、极地中心的政策研究室主任张侠等，全被媒体"挖"了出来，接受采访。

对"绍卡利斯基院士"号船的救援，仅靠破冰船努力，已经基本失去了现实客观条件。刘顺林、王建忠和澳大利亚海上搜救中心的专家们，不约而同地把目光集中在"雪龙"号船的那架KA32型直升机上，它的中文名字是"雪鹰12"。

没有什么比生命更为宝贵，一个意念不约而同地在他们脑际闪现——救船不成，救人吧！

　　"绍卡利斯基院士"号船上有74名乘员，其中22名是船员，52名是乘客，或称旅游探险者。这52名乘客来自七八个不同的国家，还有女性和老年人，毫无极地生存经验，正因为他们受困，才使得"绍卡利斯基院士"号船以最高的级别向世界发出求救信号。

　　北京时间2013年12月29日14时53分，澳大利亚海上搜救中心给"雪龙"号船长王建忠发来传真，就"雪龙"号船坚持不懈地对"绍卡利斯基院士"号船进行援助表示感谢，同时提供了8条援助信息。其中最为核心的一条是：如果"雪龙"号船无法进入冰区营救"绍卡利斯基院士"号船，为了降低在船旅客的风险，俄罗斯船船长表示可先行把52名旅客救走。澳大利亚海上搜救中心请求"雪龙"号船上的"雪鹰12"直升机当此重任。

　　"雪鹰12"直升机是"雪龙"号船自带的两架直升机之一，可以应用于森林航空消防、城市消防、搜索救援、复杂高层建筑安装和海上作业等。

　　12月30日，"雪鹰12"多次起飞搭载船长王建忠和见习船长赵炎平亲自探冰。"雪鹰12"能在南极恶劣的天气中飞行，本身就为撤离52名受困乘客提供了可能性。

　　负责直升机调度的领队刘顺林心里明白，一旦"雪龙"号船和"南极光"号船都破冰不力，无法接引"绍卡利斯基院士"号船冲出冰围，必定会动用"雪鹰12"直升机来救人。但是，一旦出动"雪鹰12"，又将把这些乘客救往何处？这些来自不同国家的人，"雪龙"号船显然不能给他们提供长久的庇护。

南大洋白茫茫一片，"绍卡利斯基院士"号船、"雪龙"号船和澳大利亚的"南极光"号船，如同三片落叶，无奈地飘落在起伏不平的冰面上。空气似乎已凝固，时间在等待中显得尤为漫长，只有通信室里，传真电报、甚高频电话还在响个不停，来自北京，来自澳大利亚海上搜救中心，来自"绍卡利斯基院士"号船和"南极光"号船……

澳大利亚海上搜救中心作为遇险区域的海事救援机构，通过与"雪龙"号船、"南极光"号船和"绍卡利斯基院士"号船几方协商，给出了由"雪鹰12"直升机将游客转运到"南极光"号船上，"南极光"号船接运游客回澳大利亚的建议。"绍卡利斯基院士"号船派人员留守，等待冰原化开冰隙后自行突围。

"雪鹰12"直升机

中国"雪鹰12"直升机为俄罗斯生产的KA-32A11BC型直升机，最大载客量为14人，最大起飞和着陆重量11吨，舱内最大载重3.7吨，舱外最大载重5吨，最高时速260公里/时，最大航程800公里，实用升限5200米，无地效悬停高度3500米。

该机型为加拿大和欧洲认证的版本，使用两台2400马力的由克里莫夫公司研制的TV3-117MA发动机，并在直升机发动机和桨叶配有专用的寒带防结冰系统。由于采用了双发共轴式反转旋翼设计，该机型拥有较强的抗风能力。

KA-32直升机装备了定位器和操纵自动化系统，使用计算机控制飞机高度和倾斜度。具有良好的飞行性能，无论是有雾、多云还是夜间均能飞行，而且安全性能相当可靠。"雪鹰12"直升机可代替人进行目视侦察，并能准确迅速地得出结果。

■ "雪鹰12"直升机机长贾树良

但是紧接着一个大难题又摆在了刘顺林面前。"绍卡利斯基院士"号船和"南极光"号船都没有直升机起降平台，游客如何登上直升机，又如何下到"南极光"号船上呢？

"雪龙"号船会议室里，气氛凝重。刘顺林主持召开紧急协商会议。船长王建忠介绍了"雪龙"号船遇到的天气、冰原环境以及不能破冰的理由，刘顺林领队介绍了"雪鹰12"直升机几天来跟踪调查冰原的情况以及直升机可能要在冰面上着陆的一些基本打算。

现在的问题是，冰面厚度是否可以承受直升机的重量。直升机自重加上人和行李，万一冰面承受不住而开裂，后果不堪设想。而且，冰面凹凸不平，直升机起降条件不理想，机身极易发生侧倾。

这时，曾参加10次南极考察、5次北极考察，具有丰富直升机海冰作业经验的第30次南极科学考察队大洋队队长矫玉田提出了一个提高冰面受力面的"木板方案"：救援组从"雪龙"号船上携带木板到直升机上，直升机着陆或悬停时卸下木板在冰面上铺出简易着陆点，既可以提高冰面承受力，减少冰面受力垮坍的风险，又能提高降落点水平程度，防止侧倾。

"木板方案"得到了刘顺林领队和与会人员的一致赞同。

会议讨论通过了严密的实施方案，成立了总指挥部，领队刘顺林任总指挥，副领队徐挺和船长王建忠任副总指挥；总指挥部下设"雪龙"号船、直升机、海冰三个救助组，分兵把口，做好准备。会后，这份实施方案传真到了国家海洋局极地考察办公室和澳大利亚海上搜救中心。

12月29日，北京时间10时，"雪鹰12"直升机起飞，对两船之间的冰情和俄船旁边用于直升机起降的浮冰进行了空中勘察。

红色的钢铁之鹰如一团飞翔的火焰，全世界的目光都聚焦在"雪鹰12"直升机身上。

　　考察队副领队徐挺多次参加南极考察，熟悉直升机性能，被选派担任一线救援组长；直升机机长贾树良，久经南极飞行环境考验。

　　由于浮冰长时间聚集又受洋流影响互相挤压，其形状及厚度随时变化，雪有多深，直升机降落时浮雪会不会被旋翼的下沉气流吹起等，不确定因素很多。针对直升机在海冰上降落风险大的实际情况，"雪鹰"机组进行合理分工：飞行员主要从技术层面考虑起降场的安全；机务人员对直升机进行认真细致的检查和保养，确保良好状态。

　　风雪交加的天候，一直持续到2014年1月1日晚，期间机组人员一直处于待命状态，机务人员对直升机再次进行严密细致的检查，确保直升机处于适航状态。

1月2日中午，现场气象观测到：气旋已过，能见度大于10公里，风向110度，风速12~13米/秒。

午饭时，"雪鹰"机组接到考察队救援总指挥部命令，午饭后第一时间直升机出库，准备开展救援行动。

1月2日12时50分，"雪鹰12"直升机出库，机长贾树良和副机长发动、准备完毕。同机飞行的有救援组长徐挺、救援队员兼翻译纪飞、救援队员兼摄像韩惠军以及记者张建松、赵宁等。

13时整，直升机起飞。随着高度上升，徐挺看到了远处冰原上蓝色的俄罗斯船。

■ 救援行动

受困人员富于乐观精神，相互鼓励迎接新年第一天。他们甚至将被困经历编成歌曲，歌词如下："现在我们周围好多船，船尾有船，船头有船。天空中来了中国人，飞了一圈又走了。法国人顺便也来看，可就是没法靠近，困在这里走不开。"

受困人员集体踩雪，打造"停机坪"，以迎接"雪鹰12"直升机救援。受困人员克里斯·特尼说："现在是2013年12月31日下午3时，我们刚刚得知，'南极光'号船无法抵达这里。现在我们组成队伍，正在踩平这附近的雪，让这里变成一个'停机坪'，以便让中国'雪龙'号船上的直升机顺利着陆。当然，还要等到天气好转。"

　　操纵钢铁大鸟，必须如引线穿针般心细。贾树良机长在主驾驶位置，经仔细观察确认，在"绍卡利斯基院士"号船一侧选择了一个场地，慢慢下降高度，15米、5米、0.5米，准备接地。随着高度逐渐降低，冰面越来越清晰。这次降落时并未吹起大的浮雪，在地面人员的引导和机组人员的密切协作下，直升机在大功率高位变距状态下主轮先接触雪地，紧接着是前轮，但在逐渐试探下放机身重量的过程中，副驾驶发现松软的雪面并不足以支撑直升机的重量，机轮很快陷入雪中。

　　救援小组立刻实施"木板方案"，贾树良机长贴近雪面悬停，机组两名人员先下机，寻找相对硬一点的雪面，试探性地行走。但直升机仍在悬停，大功率状态下旋翼的下沉气流十分强劲，吹得先行下地的救援人员站立不稳，无法找到理想的降落位置。徐挺赶紧指挥在雪面上铺木板。在其他救援小组人员的协助下，机上机下人员冒着危险，艰难地将12块3.5米长、0.3米宽的木板卸下、铺好，搭建起一个木制起降平台。

有一种精神叫执着

有一种力量叫坚韧

是的，希望不会随风飘走

太阳在等待我们

■ 科考队员铺设停机坪

　　随着"雪鹰"的轰鸣，机长和副驾驶已把直升机拉上雪空，直接飞往"南极光"号船一侧的浮冰降落场。这是一个由"南极光"号船船员建起来的临时冰面停机坪。贾树良机长操纵直升机先找到相对平坦的雪面悬停，待观察清楚后才慢慢下降高度。副驾驶在右座不断地报告高度："15米、10米……3米、2米、1米、0.5米，马上接地，接地，慢慢放变距。"在快接近雪面时发现雪面有坡度，坡度过大会使直升机机翼打到地面设施或冰雪，非常危险。但机长知道这已经是浮冰上最平整的场地了，沉着操纵变距，试探性下降高度，两个主轮接地后前轮还悬空，幸运的是没有吹起浮雪，直升机副驾驶判断："起降场可以，返航。"确认好起降场地后，直升机返回"雪龙"号船装载好木板，等待实施救援的命令。

　　14时25分，前期准备工作全部就绪，总指挥下达开始救援的命令。加满油后的直升机迅速飞往俄罗斯受困船。由于前期准备工作非常充分，到达临时起降场前，风向风速没有变化，按计划着陆。在地面指挥和机上人员的协助下，机长全神贯注、精确判断，直升机三个轮子稳定地停在狭小的木板上，机长抓住操纵杆慢慢地放重量，由于木板增大了受力面积，直升机稳稳地停在冰面上。

　　"绍卡利斯基院士"号船上的乘客早已下到冰面上临时设立的停机坪四周，见到"雪鹰12"直升机顺利地降落在自己的身边，高兴得直翘大拇指欢呼，纯熟的俄语和带着口音的英语混响着叫好，一片称赞！船上老年乘客居多，衣服也厚重，加上直升机下沉气流大，雪地松软，行走非常困难，徐挺带着救援队员硬是把乘客一个个抬到了直升机上，场面十分感人！

　　"雪鹰12"直升机一次只能运载12名乘客。贾树良机长摇着操纵杆,在"绍卡利斯基院士"号船与"南极光"号船之间来回起落、飞行,分别把52名乘客及其行李送到"南极光"号船附近的冰面上。其间也出现了一些特殊情况,救援队员们开始时不知如何下手,但直升机长久停在冰面上也有风险,情急之下,采取了一些变通措施,十分见效:一些乘客由于害怕,不敢下机,就采取人趴在直升机地板上后退着下地的办法;直升机放下的梯子离地面有一定距离,又不停晃动,特别是一些女乘客,脚连梯子都蹬不到,队员们只好一个个把她们抱下地。冰雪无情人有情,这是救援队员们传递给每一位被救乘客的温情,是一批中国人在冰天雪地里送给全人类的大爱,这份大爱中蕴藏的中国精神,这次救援展现的中国表情,必将与南极的和平事业永存。

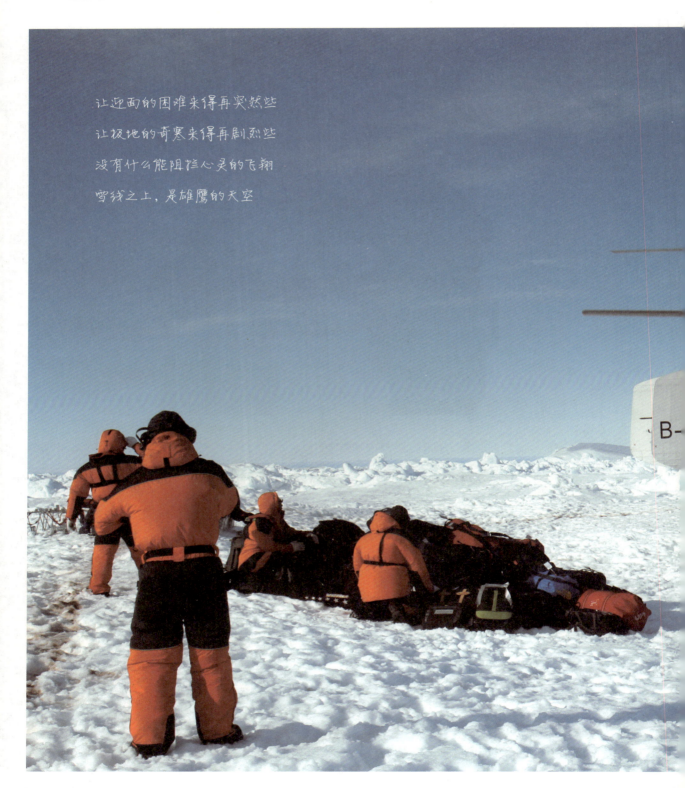

让迎面的困难来得再突然些
让极地的奇寒来得再剧烈些
没有什么能阻拦心灵的飞翔
雪线之上，是雄鹰的天空

在科学、严密的组织下，凭借人类的高尚情怀和人道主义大爱，把一桩完全意外的救援工作做得井井有条，这就是人们常说的南极精神所在，凝聚的是中国人向往和平、积极融入世界体系、承担负责任大国义务的决心和意志。

领队刘顺林在"雪龙"号船驾驶台总指挥的位置上全神贯注地指挥救援现场的一切，对讲机里不时传来前方救援队员粗重的呼吸声。

"还有最后一个架次！"当"雪鹰12"直升机完成5个架次的救援飞行之后，徐挺向总指挥报告。刘顺林拿起话筒："坚持，干得好！"

干得好！许多惊天动地的伟业，往往成就于最后一分钟的坚持！

最后一个架次只带回了剩下的几名乘客，直升机的着陆重量轻，理论上讲应该最轻松，但这最后的着陆却惊心动魄。直升机飞来了，一切正常，准备着陆到铺好的木板上，1米、0.5米，好，着陆！令人意想不到的情况发生了，由于风和飞机下沉气流过大，就在着陆那一刻，一块垫在主轮下面的木板被吹到前轮的前面去了。随着地面人员的一声惊呼，千钧一发之际，机长贾树良应声摇动操纵杆，直升机又稳稳地悬停在空中，非常惊险。

请用太阳的光芒聚焦我

请以岁月的风声歌唱我

向远方的祖国和亲人报告

胜利的欢声笑语中

我是你骄傲的中国表情

■ "雪龙"号船救援人员与"绍卡利斯基院士"号被救人员合影

■ 澳海事局感谢"雪龙"号船的救援行动

　　"雪鹰12"直升机一共飞行了6个架次，用了将近9个小时的时间才将52名乘客和行李全部顺利运送至澳大利亚"南极光"号船边。惊叹、庆幸、感激……每一位被救乘客都对队员们竖起大拇指。救援结束时，有人专门跑到驾驶舱右边，请驾驶员打开舱门，与驾驶员、救援队员紧紧地握手、拥抱；有的乘客和地面救援人员合影留念；有的乘客用半生不熟的中文说"谢谢"，其中两位华裔乘客一直在说："麻烦你们了，谢谢！""雪鹰12"直升机起飞离开时，"南极光"号船上所有人都不停地挥手，表达他们的谢意。船长还通过高频电话向"雪龙"号船呼叫："Thank you, Xuelong! Thank you, China！"

"默茨冰川舌"的形成

"雪龙"号船被困海域的默茨冰川，3年前被撞掉"舌头"的事件曾引起国际关注，"雪龙"号船此次被海冰所困与这一事件也有着一定的联系。

2010年2月12日之前，默茨冰川有一条伸向海中的长"舌头"，被称为"默茨冰川舌"。要说清楚这条"舌头"，还得先从冰川说起。

冰川也称冰河，由千百万年来累积在陆地上的降雪形成。冰川是可以流动的，像江河一样沿着峡谷向低处流，只是流动的速度特别慢，慢到站在冰川上的人根本意识不到它在流动，它看起来只是坚硬的固体。南极大陆几乎整个都被冰川覆盖，而百川入海，有别于通常意义上的江河，流到海里的冰川不会马上融入大海，而是浮在海面上，形成冰架。南极最大的3个冰架分别是龙尼－菲尔希纳冰架、罗斯冰架和埃默里冰架，分别位于南极的3个最大海湾中，即威德尔海、罗斯海和普里兹湾。既然是架子，就要有支撑，这3个冰架所在的位置与普通江河的入海口相似，呈喇叭形，只有喇叭口一边悬空在海上，其余各边都与陆地相连，起到很好的支撑作用。最大的罗斯冰架跨度达800公里，面积近50万平方公里。

想象一下，这块跟法国差不多大小的巨大冰块浮在海上，是多么壮观的景象！其他的小型冰架，要么蜷缩在小海湾里，要么凭借沿海的岛屿作为外侧的支柱，规规矩矩地待在岛与岸之间。从地图上看，这些冰架给南极大陆的海岸形成了一条更为光滑的外缘线。而"默茨冰川舌"就是楔在这条曲线上的、为数不多的几个出头椽子之一。

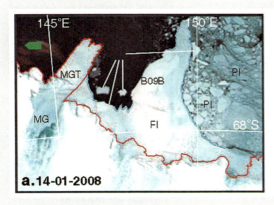 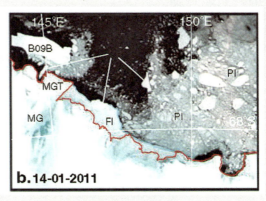

"默茨冰川舌（MGT）"断裂前（a图）后（b图）的卫星遥感图像，a图左上方的"绿色五边形"为此次"雪龙"号船被困位置。

冰山撞断冰川

"默茨冰川舌"曾长达100多公里，宽30多公里，横亘在向西流动的沿岸海流中，挡住了来自东侧的流冰，其西侧就形成了大范围的无冰水域。夏季海冰少的时候，这里完全是一片无冰的清水区。也就是说，如果"默茨冰川舌"还安在的话，"雪龙"号船是不可能在这个区域被海冰困住的。

不仅如此，在"默茨冰川舌"东侧不到100公里的地方，前些年还搁浅着一座编号为B09B的大冰山，大小跟"默茨冰川舌"相当。

这座冰山于1987年从罗斯冰架脱离，然后随南极沿岸海流一路向西，于1992年搁浅在这里，在这里一待就是18年，成为"默茨冰川舌"东侧的一道屏障，迎击着随沿岸流由东向西漂动的浮冰。在这道屏障的保护下，"默茨冰川舌"东侧也经常是清水区（如图a所示）。B09B冰山最终在2010年2月发生了动摇，开始向西漂动，最终撞掉了默茨冰川的大"舌头"。实际上，默茨冰川这次丢掉"舌头"，也是一个冰川自然发育的过程。为了便于理解，我们换一个说法，把这条伸出的"舌头"看作一颗牙齿，那么这个过程其实就是"换牙"。

默茨冰川持续不断地流向海洋，速度虽然缓慢，每年却总能推进1公里以上的距离。这颗冰川"牙"长到一定长度后，自然就会断裂。实际上，在2010年"牙"断裂的地方，早就出现了裂缝。"牙"的东西两侧分别于20年前和10年前开裂了，在2010年被撞之前，这两条裂缝几乎已经连到了一起。也就是说，这颗"牙"早就松动了，B09B冰山的撞击只不过是让其彻底断裂的一个助推力。

粗略一算，默茨冰川的这颗"牙"已经用了70年，也该换换了。被撞掉的这颗"牙"成为编号为C28的大冰山，很快就离开了这个海域。而"肇事者"B09B冰山却恋恋不舍，在此盘桓了1年之久才缓缓离开（如图b所示）。

我们相信，默茨冰川2010年的那次"换牙"绝不是第一次，只是有了卫星遥感之后，我们才有机会看到整个过程。这一事件之所以在当时引起很大关注，不是因为那时就预见到涌入的海冰在3年后会困住两条破冰船，而是因为自那以后，发生在南极冬季漫漫长夜里的故事更换了新的剧本。

神奇的冰间湖

在"换牙"之前，"默茨冰川舌"和B09B冰山这两道南极大陆沿海的冰屏障，在冬季也同样发挥着阻挡冰流的作用。在它们的西侧，新的海冰刚刚形成，就被强劲的东南风吹走，一直难以被完全冰封，于是形成了极地海洋与大气直接交换的窗口——冰间湖。

南半球隆冬时节，南极海冰的外缘线已经北进到南纬65度，甚至55度，形成了一个与南极大陆面积相当的海冰覆盖区，南半球的冰雪圈比夏季增大了1倍。在近乎半个南大洋都被冰封的时候，在最南端的南极沿岸还会有暴露出水面的冰间湖吗？听起来有些难以置信，但它是真实存在的，而且这样的冰间湖还不止默茨冰川这里有，而是星罗棋布于南极大陆的沿岸。此时，气温已跌至-20℃，而冰间湖中裸露的海水温度最低也要在-2℃以上，因为再低就会达到冰点，海水就会被冻结。

如此一来，海洋与大气间就出现了接近20℃的温差，海洋就会不断把热量传给大气，成为冬季海洋中的"通风口"。从秋季开始，冰间湖中发生的是新冰不断生成又不断被运走的过程。假如这些冰没有被运走，全部累积在冰间湖区域，一个结冰季节下来，冰的厚度就可以达到几米甚至十几米。

这些生产效率极高的"冰工厂"，还有一个更重要的副产品——盐。我们知道，冰晶是不含盐分的，结冰时只有少量来不及"逃走"的海水被困在冰晶之间的缝隙里。新生成的海冰里只留下了原来海水中1/3左右的盐分，其他的都排到了尚未冻结的海水中。如此一来，海水的含盐量就会增大，海水的密度会增大，加之温度降低，也会加大海水的密度。因此，冰间湖对海水的最终作用就是增大了其密度。这些产自南极冰间湖的又冷又咸的海水，密度非常大，这些海水会沿着陆坡下沉，直至深海盆的底部，成为南大洋的底层水。然后，这些底层水会沿着海底的沟槽继续向北，成为遍布世界大洋的底层水。南极海洋底层水从南极沿岸下沉进而北进的过程，成为世界大洋环流的一个重要驱动器，构成地球气候系统的重要一环。

　　自2007年开始，澳大利亚和法国合作开展的一项研究计划，一直在关注默茨冰川冰间湖区域的底层水形成。"默茨冰川舌"断裂10天之后，该计划研究组发布了一份报告，详述了事件发生的过程，并称未来冰山位置的变化将影响冰间湖的规模、当地的海洋环流以及高密度海水形成的速率等。这个消息经多家媒体转载后，引起了世界范围的关注。英国《每日邮报》的报道题目是"南极洲巨型冰山崩裂，或将搅乱全球气候格局"，文中有这样一段："漂离的冰山或将抑制底层水的形成，而底层水是推动海洋循环系统的重要因素。海洋洋流的些微变化都可能对全球气候产生影响。受此次冰山碰撞的影响，专家预期英国的天气会变得更加寒冷。"

　　其实，就目前我们对气候系统的认识和预测能力而言，是难以估量"默茨冰川舌"断裂事件的影响的。澳大利亚在2011年和2012年夏季进行了现场观测，发现"默茨冰川舌"断裂后，其周边高密度水的盐度和密度明显降低。他们利用数值模式预测的结果是，该区域高密度水的外输将减少1/5左右。而更加深远的影响尚未可知，等待人们的进一步研究。

媒体报道

　　国际问题资深编辑赵海建表示，参与这次救援活动的有中国、法国和澳大利亚的破冰船，而"雪龙"号船的破冰能力在其中不算最强，但即使在天气很恶劣的情况下，我们能做到"不抛弃不放弃"，这确实难能可贵。

　　国际问题资深编辑李明波也指出，通过这次救援行动，中国负责任的大国形象很好地得到了体现。可以说，这是一次很好的形象宣传。

——1月4日《广州日报》

　　这次救援体现了中国人良善、友爱和互助精神，绽放出人性的光辉。值得一提的是，中国政府和人民对"雪龙"号船的支援始终是全心全意的。习近平主席在重要指示中就指出，中国南极科学考察队暨"雪龙"号船在极其困难的条件下，冒着极大风险，成功完成对遇险俄罗斯籍客轮的救援行动，为祖国和人民争得了荣誉。

——1月4日《澳门日报》

　　新年伊始，冰天雪地的南极因为一场"如好莱坞大片"般的国际救援而牵动人心。这一次，被赞为"HERO"的不是美国人、欧洲人，而是中国正在南极执行科考任务的破冰船"雪龙"号。

——1月4日美国《侨报》

　　"雪龙"号船救援行动受阻，不仅说明救援行动的难度，而且也表明中国已渗透到世界最偏远的区域，不仅限于探测器进入太空、踏上月球。

——1月5日德国《日报》

　　伦敦大学地缘政治学教授克劳斯·多兹说，"绍卡利斯基院士"号船上乘客的安全获救归功于国际合作。现在中国已成为主要的极地探索国，中国认为南极为全球共有，它不仅遵循《南极条约》的规则，而且主张在南极拥有利益。

——1月5日英国《每日电讯报》

　　在国际人道主义精神的召唤下，南极考察队暨"雪龙"号科考船在澳"南极光"号极地考察破冰船配合下，成功使52人脱险，避免了危险。这样的行动，让国际社会真切地感受到了中国人义无反顾的价值崇尚。

——1月6日《京华时报》

第三章
坚冰围困

　　天有不测风云。在"雪龙"号船忘我救人之时，南极洲大洋的冰层再一次收缩了"腰带"，突如其来的坚冰如大军压境，"雪龙"号船陷入了重重包围，刚刚救援过"绍卡利斯基院士"号船的101名勇士也需要有人来救了。南极离中国大陆万里之遥，中国国家主席、国务院总理批示要不惜代价救出"雪龙"号船的勇士们。中国国家海洋局迅速成立"雪龙"号船脱困应急处置领导小组，领导救援工作。澳大利亚海上搜救中心请求美国海岸警卫队的"北极星"号破冰船前往救援"雪龙"号船。这是一部极地交响曲，人道主义才是和谐世界的真正基石。

冰海荣光

"雪龙"号船南极救援脱困全纪录

我们十指连心的"雪龙"船

像天外怒放的山丹丹

我们同舟共济的"雪龙"人

像冰海燃烧的中国红

水与火泡磨的梦境里

有我们轰轰烈烈的拼搏

坦坦荡荡的坚定

一　"雪龙"被困

2014年1月3日凌晨，一阵急促的启航铃打破了南大洋的宁静，船长王建忠和大副早已来到驾驶台上。17900马力的中速柴油主机启动时发出的轰鸣声震颤全船。"雪龙"号船完成救援俄罗斯"绍卡利斯基院士"号船后，即将启航，继续完成第30次南极科学考察任务，下一站是去维多利亚地开展中国第五个南极站的建站勘察工作。驾驶员已将航线划定，待机器预热起来后，将下达"进一"的命令。

瀚海阑干百丈冰，愁云惨淡万里凝。此时，王建忠船长发现一个意外情况。"雪龙"号船周围的冰原，昨晚还有一些清水区和冰隙带，一夜之间，不知何时漂来了一座

平顶大冰山，长达一公里左右，还在不断向西北方向漂移，冰山距"雪龙"号船最近仅1.2海里，横亘在"雪龙"号船撤离路线的前方。

"雪龙"号船周围原本开辟的冰隙也被一道道冰坎挤得密密实实，只有左舷水线下船内排放机器余热和生活用水的地方尚有一湾清水。

没有人预先料到这一刻的到来，不过早在1月2日"雪龙"号船全力实施对俄罗斯船救援时，负责"雪龙"号船气象保障的国家海洋环境预报中心每日冰情分析报告，就曾提醒"雪龙"号船要注意观察身边的冰情发展。随船气象保障预报员于海鹏观察的结果显示：由于南极东半球正有一个气旋过境，东南风达到11级，强风顺时针把多年积累在罗斯冰架上的一些冰块吹进了海洋，明显增加了俄罗斯船遇险区的冰雪量，加上风的作用又把大洋外缘的浮冰赶往近岸，双重压力一起挤压着"雪龙"

■ 领队刘顺林与船长王建忠设计脱困方案

号船的活动空间。实测的冰块厚度达到了3～4米，而"雪龙"号船的破冰能力仅有1.2米。

破冰是极区航行的船舶最为基本的一种能力，但不同的船舶在不同的冰区拥有不同的破冰能力。破冰能力通常分为七个级别，七级最小，一级最大。现在世界上破冰能力最强的船是俄罗斯"50年胜利"号核动力破冰船，有5米宽的不锈钢破冰带，两个核子反应炉可产生75000马力，独立破冰能力可达2.5米厚，属一级破冰船，是世界上最大的核动力破冰船。其次是美国海岸警卫队的"北极星"号破冰船，由柴电发动机或燃气轮机驱动，可撞破厚达6米的冰层，或者以3节航速连续通过1.8米的厚冰，属于二级破冰船。而"雪龙"号船只有17900柴油动力马力，破冰能力最多达到六级，破冰能力很小。

真是狭路相逢。尽管如此，王建忠还是决定在船舶安全有充分保障的前提下，做一下尝试。他叫轮机长备好车，先试着后退一下，如果后面的冰比前面的薄，就能够退击出一条带状的清水区，然后通过加速前进，获得速度惯性后冲击冰块，甚至"骑"上冰层、压破冰块来达到破冰的目的。

1月3日清晨，王建忠下令动车，"后退一！"并安排三副张旭德在后甲板观察船尾冰区的动静。机器启动，螺旋桨转动。张旭德报告：船体没有"动静"。这说明，船尾也被浮冰冻住了。不能后退就看看能否前进，王建忠又下令"前进一"。机器轰隆，带动螺旋桨又往前击水。前甲板的水手长报告：船未动，冰未破。王建忠重重地坐在驾驶室的值班座椅上，脸上浮出一丝悲凉之色。

整个驾驶台气氛顿时十分压抑，刘顺林在这一瞬间得出了一个可怕的结论："雪龙"号船被困住了，如不能及

时脱困，整个南极考察任务很大一部分都要打水漂。

　　船舶是一个结构强硬的整体，船上任何一个地方的摇动，都将带来整船的摇动。"雪龙"号船被困住的事实，在早晨主机停止转动的那一刻立即被大家意识到了。

　　"船走不动啦！"队员们议论起来。突如其来的冰困是在场所有人都不愿接受的事实。

　　队员们都清楚，一望无际的冰原像南极洲的一条巨大腰带，"腰带"还在慢慢地"收紧"。极区终年不息的大风夹着冰粒，拍打在队员们的脸上，虽然被冻得麻木，仍然能感到刺痛。寒冷侵袭着队员们的身体，不幸的消息更困扰着队员们的内心。

　　王建忠船长神经紧绷，还不得不面对另一个更加难以预见的危险。

　　1月3日，一直跟踪着南极天气和冰情的国家海洋环境预报中心向"雪龙"号船通报：在"雪龙"号船头30度方向、距离5海里处有一座冰山正通过自身的重力向"雪龙"号船移动；左后方向8海里处，也有一座冰山，正向"雪龙"号船移动。这一奇怪的"双向"移动，来自于那个不肯停歇的气旋，一方面把南极黙茨冰川上的流冰往海洋里卷，一方面又把大洋的浮冰往岸边推，刚好把"雪龙"号船夹在中间。如果这两座冰山一左一右压过来，不出两天，新闻记者报道"雪龙"号船受困的语词就要沉重得多了。

　　刘顺林领队安排在驾驶台上架设专用的海冰观测设备,派专人值班观察冰情,准确测定冰山与"雪龙"号船的距离。现场观测结果:船头方向的冰山已漂至船头500米处,而左舷方向的一座规模较大的冰山在洋流和风力等的作用下,正快速移动,方向不定。这座冰山比船头方向那座小冰山至少大10倍,背面是什么形态还难以估计。小冰山在"雪龙"号船的正前方偏右一点,大冰山在"雪龙"号船左舷偏后,两座冰山遥相呼应,夹击着"雪龙"号船。极区航行经验告诉船长,大冰山沉没在水下的部分往往比显露的部分更大更深,受深度洋流的带动,漂流速率比洋面的浮冰和船舶快,洋流快速移动时,冰山水下部分就像一架发动机带着水面的冰山快速移动,冲击着水面的一切。"雪龙"号船的满载吃水深度是9米,远远不如水下冰山的受力面积大,碰上这个冰山一不小心是要翻船的。现在"雪龙"号船经过中山站的卸货,加上油料、淡水不断消耗,实际吃水深度已不足9米。3日下午,为以防万一,船长当机立断,安排大副和轮机长向舱内注入压载海水,增加吃水深度。

没有断崖前的折磨
江河不会有气吞山河的瀑布
没有淤泥下的挣扎
莲荷开不出娇艳四溢的花朵
大红大红的"雪龙"船啊
我是你沉默中必将爆燃的火

　　现在"雪龙"号船附近的海冰情况越来越复杂，两座冰山虎视眈眈，使"雪龙"号船非常无奈。考察队员们三三两两坐在一起，分析、寻找着对策：向前行进，势必途经两座冰山的"势力"范围，如果行经两座冰山之间时，被前面的海冰堵住，冰山夹着浮冰又把船尾倒车的水道封死，就真的非常危险了。

　　经验告诉王建忠，"雪龙"号船这个时候盲目脱困将会陷入一个更危险的境地。这就是南极探险，这就是对"行船三分险"古训的诠释！

　　澳大利亚海上搜救中心一刻不停地与"雪龙"号船保持联系、沟通情况："南极光"号船已将"雪龙"号船救出的52名乘客安排到住舱里，分发了食品和水。"绍卡利斯基院士"号船上被救的澳大利亚医生安德鲁说，所有获救者各人将手写的感谢信扫描后传真给"雪龙"号船长

■ 美国"北极星"号破冰船

和中国相关部门；希望美国"北极星"号船尽快抵达，营救中、俄船只；"南极光"号船打算等着"雪龙"号船摆脱险境，一同回航到清水区去。

天有不测风云，南极更甚。没想到，一夜之间，冰围使"雪龙"号船与"南极光"号船天各一方。"雪龙"号船不脱困，要么"南极光"号船等着不走，要么重新调动其他就近船只赶来营救，这是国际海事组织通常的做法。

但刚上船的52名乘客惊魂未定，"南极光"号船难以持久地等待"雪龙"号船脱困。"南极光"号船长与王建忠船长"商量"：他们是不是可以带着52名乘客先撤离？

■ 船员观测冰情

王建忠接到"南极光"号船的"商量"电话，下意识地看了看海面，又看了看还被冰封着的"绍卡利斯基院士"号船，大度地说："可以，你们带着乘客回吧。"

"南极光"号船载着遇险乘客走了，本次南极大救援行动暂时告一段落，但"雪龙"号船和中国第30次南极科学考察队还要迎接更大的挑战，故事还在继续……

澳大利亚海上搜救中心默许"南极光"号船退出救援现场，同时也在积极请求美国"北极星"号破冰船尽快进入南极，救助中、俄船只。

美国"北极星"号破冰船隶属于美国海岸警卫队，美国海岸警卫队太平洋区司令保罗·祖昆福特通过媒体表态说："我们始终准备在地球表面最偏远和环境最恶劣的地区提供援助，而且这样做是责无旁贷的。"

但是，美国的"北极星"号船刚完成在澳大利亚悉尼港的补给，驰援南极，到达中、俄船只受困海域还需一周以上时间。

"雪龙"号船需要等待吗？刘顺林和王建忠并未做出请求救援的决定。

（二）世界再次聚焦"雪龙"号船

2014年1月3日，一份关于"雪龙"号船受困情况的报告，由领队刘顺林签发，越过万里大洋，报到了中国极地研究中心、国家海洋局极地考察办公室和国家海洋局。

从救援解困到自身被围困，严酷的大自然导演了一场预先没有设置剧情的大戏，全世界的目光再次聚集"雪龙"号船。

一直跟踪报道"雪龙"号船救援俄罗斯船的新华社、中国海洋报社记者把现场受困的新闻发回国内，新华社、中央电视台、国家海洋局网站在第一时间如实报道。

"雪龙"号船大义救助俄罗斯"绍卡利斯基院士"号船及52名乘客的消息，得到中央领导的高度赞扬，同时中央最高层领导也为"雪龙"号船受困担心。1月3日晚上，中共中央总书记、国家主席、中央军委主席习近平做出重要指示。他指出，我国南极科学考察队暨"雪龙"号船在极其困难的条件下，冒着极大风险，成功完成对遇险俄罗斯籍客轮的救援行动，为祖国和人民争得了荣誉，请向同志们致敬，并转达我对他们的诚挚慰问。习近平要求各有关方面协调配合，指导帮助他们脱困，确保人员安全。他表示，祖国人民同他们在一起，希望他们保重身体、坚定信心、沉着应对、科学施策，争取早日平安返回。

接着国务院总理李克强也作了批示："希望科考队沉着冷静应对，务必在确保安全的前提下，等待有利时机，积极稳妥设法突破海冰围困。"

5日中午，国务院副总理张高丽专程到达国家海洋

■ 局领导召集"雪龙"号科考船脱困应急预报会商

局，视频连线慰问"雪龙"号船全体考察队员，检查国家海洋局"雪龙"号船脱困应急处置领导小组贯彻落实习近平总书记和李克强总理的指示情况，指导脱困工作。

"雪龙"号船遭受冰困的消息传回了祖国，万里之外的中国南极考察队员和"雪龙"号船的安全牵动着中央领导和亿万人民的心。

瞬息万变的南极，再次展露它一贯的个性。"雪龙"号船停泊的这片密集浮冰区，风雪交加，白茫茫一片，周围的冰山早已隐身在白色幕帘中，"雪龙"号船的雷达显示屏上却尽是密密麻麻的冰山信号。

南极考察，原本就是为了探索大自然的科学奥秘。为了揭示这些奥秘，"雪龙"号船设定了多项考察项目，派出了多个科学考察团队。如今，解密的钥匙就在身边。一望无际的密集浮冰，虽然暂时阻挡了"雪龙"号船前进步伐，却阻挡不住船上科考队员们探索科学奥秘的热情。在积极设法摆脱困境的同时，船上部分科学考察项目照常进行。

没有人因为冰困而放弃科考。像往日一样，来自国家海洋局第二海洋研究所的高金耀研究员从船头的实验室，小心翼翼地穿过长长的甲板，来到艉部的平台。那里安装了可以测量地磁场数值大小和指示方向的科学仪器——三分量地磁仪，他每天都要去检查仪器运转情况、记录的数据。

由于"雪龙"号船所在的这片海域与南磁极相距不远，连日来，三分量地磁仪得以在南磁极附近长时间、密集地进行观测，收集了大量观测数据，对于高金耀来说，这是一个"意外收获"。

仪器显示：地磁场水平分量越来越小，垂直分量越大越大。这说明"雪龙"号船距离南磁极已经很近了。高金耀意识到，由于南磁极点一直都在漂移，这些数据就显得十分宝贵，是我国今后研究南磁极漂移情况、了解南磁极附近海底构造、建立全球地磁场模型的第一手资料。

像往日一样，在"雪龙"号船科研管理平台上，实验员肖永琦也一如既往，协助大洋队队员利用各类仪器，抓紧时间采集这一海域的海洋物理、化学、浮冰等各类数据。这一海域是我国船舶第一次涉足，各类数据都是空白。

像往日一样，来自中国海洋大学的矫玉田利用"走航声学多普勒海流剖面仪"，已经测得该海域800米水深的流速、流向剖面数据，第一次获得这片海域的南极"边缘流"数据，对今后研究南极"绕极流"很有帮助。

像往日一样，来自国家海洋局第一海洋研究所的马

■ 高金耀检查三分量地磁仪观测设备

■ 肖永琦在"雪龙"号船的科考管理平台

■ 马龙查看重力仪记录的数据

龙,每天都会到船底部的"海洋重力仪"实验室查看。这台仪器一直在测量、采集重力数据,以反映海底密度界面的变化。

像往日一样,在"雪龙"号船舷边和驾驶台两侧,来自大连理工大学的李明广安装了多个浮冰观测设备,目前已经如实地将这片浮冰区的海冰密度、厚度、大小、冰面地貌、返照率等记录拍摄下来,为南极普里兹湾和罗斯海的海冰研究提供参照。

像往日一样,冒着凛冽的寒风,来自国家海洋局第三海洋研究所的张麋鸣、肖钲霖爬到了"雪龙"号船顶。那里安装了多个不同规格和型号的大容量空气采样器,分别采集空气中气溶胶、重金属颗粒物等空气样品。他们每天都上船顶检查机器采集的数据,更换滤膜,除去机器上覆盖的冰雪。

像往日一样,来自黑龙江测绘地理信息局的韩惠军、颜小平、王广东等科考队员,则利用观测地形和地物的"全站仪",随时观测远方冰山的位移和速率,及时将数据提供给考察队。

■ 张麋鸣和肖钲霖记录大气采样资料

■ "雪龙"号船准备突围行动

　　船虽然不能行动，岗位依然是前线。王建忠和刘顺林一直坚守在驾驶台，观察事态的发展。"雪龙"号船停泊在南纬66度39分、东经144度25分的密集浮冰区，距离最近的清水区约21公里。为了保证船舶安全，"雪龙"号船在浮冰区逐渐开辟了一条长约1公里的"破冰跑道"，等待天气有利时机，破冰突围。

　　"雪龙"号船头方向密集浮冰中的一座小冰山，位置多日没有改变。船右舷浮冰区，1月3日出现的一座平顶大冰山，4日已经漂移到船的右前方，几乎与船体擦肩而过，众人心中不禁一惊：好险！而在右后方，又有一座更大的冰山正在缓慢靠近。

　　经过观察，王建忠发现，右舷的这片密集浮冰区好像一条"冰河流"，河水中"冰流湍急"，浮冰和冰山漂移速度很快。"雪龙"号船好像在"冰河流"的岸边，位置相对固定。只要穿过这条"冰河流"，突破大约2海里最为厚重的浮冰带，就能突围出去。但何时过河？时机选择十分重要。

二 寻找脱困"时间窗口"

"时间窗口"是九天揽月的航天发射和返回常用的术语，没想到在这次五洋捉鳖的"雪龙"号船第30次南极科考任务中也用上了。

2014年1月3日上午，国家海洋局刘赐贵局长在第一时间得到了"雪龙"号船受困的消息，指示极地考察办公室立即组织与"雪龙"号船的视频对话，慰问受困队员，共同研究解困措施。

1月3日10时，考察队领队刘顺林主持召开第30次南极科学考察队临时党委扩大会议，传达学习刘赐贵局长对此次救援俄被困"绍卡利斯基院士"号船的电话指示，并

■ 与祖国亲人视频连线

■ 视频会议

研究和讨论了考察队暨"雪龙"号船目前遇到的困难及应对措施，达成四点一致意见：

1. 密切监测周围海冰、冰山，安排好对下一步海冰趋势的研判，同时做好各种情况应对措施，抓住一切有利时机突围。

2. 成立环境资料综合分析小组，积极与国内保障单位进行会商，多方、多渠道搜集附近气象、水文、洋流、海冰等资料及预报，每天队务会之前进行研判，为决策提供科学依据。

3. 鉴于目前仍然持续的恶劣气象条件和复杂冰情，以及"雪龙"号船前方、右后方各有冰山阻挡的现实情况，"雪龙"号船将暂时原地机动，静观其变，待天气好转或确定无危险时再择机突围。

4. 保障好队员日常生活，积极开展文体活动，稳定船上队员情绪。

■ "雪龙"号船脱困应急处置领导小组会议

　　3日15时，国家海洋局局长刘赐贵召集专门会议，研究"雪龙"号船脱困的应急事宜。核心内容是部署国家海洋环境预报中心进入"一级应急"状态，综合国内外卫星资料和现场海洋环境资料，做出精确的海洋气象预报和海冰预测，为"雪龙"号船脱困提供"时间窗口"。

　　17时，国家海洋局刘赐贵局长带领极地办、极地研究中心、预报中心负责人同考察队进行了视频连线慰问，要求考察队做好队员的思想政治工作，做到人心不散，队伍不乱，同时要求严肃冷静地对待当前的困境，积极采取措施，择机脱困。

"雪龙"号船仍然无言地坚持着，没有向外界发出救援请求。

4日中午，北京，紧急会议在国家海洋局二楼召开，成立"雪龙"号船脱困应急处置领导小组，国家海洋局局长刘赐贵担任组长，副局长陈连增与极地办主任曲探宙任副组长，全面领导和指挥"雪龙"号船在南极的脱困事宜，并根据党中央、国务院的要求，向中办、国办报告脱困方案和实施进展。极地考察办公室、中国极地研究中心、国家海洋环境预报中心等单位，均进入一级应急值班状态，24小时与"雪龙"号船保持联系，及时分析研判冰情，研讨应对措施。要求国家海洋环境预报中心通过天气会商做出未来三天天气和冰情分析，预计"雪龙"号船自行脱困的"时间窗口"。要求第30次南极科学考察队临时党委一定要做好全体队员的思想工作，要做最坏的打算、做最好的努力。要求极地办和极地中心组织"雪龙"号船拟定脱困的方案，做好家属安慰和媒体应对工作。

与此同时，中国第30次南极科学考察队也组织"雪龙"号船的气象、海冰观测、物理海洋、船舶航海等相关专业人员，加强对海冰、冰山、潮汐变化等监测工作，搜集并分析附近气象、洋流、海冰等资料，结合国内外发来的相关信息进行研判。此外，"雪鹰12"直升机随时待命，在天气条件许可的情况下，开展冰情勘察。

4日16时许，"雪龙"号船发来现场监测报告："雪龙"号船现在位置是南纬66度39分，东经144度25分。船头方向的小冰山位置固定，右舷的冰山向北偏西的方向漂移，对"雪龙"号船已无威胁。

两座冰山对"雪龙"号船的威胁暂时已经解除，但"雪龙"号船仍无法解困，此后也可能会产生无法预料的

险情。

根据目前的客观自然条件，凭借"雪龙"号船自身的破冰能力突出重围已不可能，而通过其他船来破冰接应，也是远水难解近渴。

"雪龙"号船自带的给养和淡水，可以在此地坚持三个月以上，三个月以后，或可弃船走人。但这样整个考察计划就会泡汤，而且还会造成"雪龙"号船体损毁，给今后的整个南极科学考察事业带来无法估量的损失。

唯一的解决方案是：通过精确的天气预报，寻找到适合的气象条件，在海冰有所消融的时候迅速突出重围。

于是，千万双眼睛又落到位于北京大慧寺路的国家海洋环境预报中心的天气会商室，这一次唱主角的是中心主任王辉和极地室、预报室、数值室和环境室的各位室主任们。

可是，云谲波诡、变幻莫测的南大洋的天气变化是王辉他们说了算吗？

俗话说，艺高人胆大。现代科学技术武装起来的王辉，的确"神通广大"。1月3日下午，刘赐贵局长召集"雪龙"号船脱困专门会议时，预报中心就作了两个3天的天气预报，认为6日—9日，东南风会减弱，改为刮偏西风，"雪龙"号船周边的浮冰会被西风吹散，形成脱困机会。会议结束后，预报中心进入一级应急状态，王辉立即组织各部门、各科室连夜作战，在全球范围内收集、判读资料，会商天气。预报员们从大量的南极上空卫星云图和冰图中发现，1月6日—8日，"雪龙"号船所在的海域将出现偏西风，偏西风将持续30多个小时，这正是"雪龙"号船脱困的"时间窗口"。

好一个"时间窗口"，沧海横流，方显英雄本色，"雪龙"人心中正风云激荡，会挽雕弓如满月，西北望，射天狼！

1月4日凌晨，预报中心极地室分析了北京市遥感信息研究所提供的最新国产高分辨率海冰遥感图，提出"'雪龙'号船应在出现偏西风的天气条件下，向北破冰突围，并择机向东进入当年冰区"的预报意见，气象室分析了本中心、欧洲中期天气预报中心、美国国家环境预报中心等单位提供的数值预报产品和"雪龙"号船随船预报员现场实况资料后，给出了"受副热带高压脊的影响，'雪龙'号船所在海域7日凌晨起出现偏西风"的预报意见。王辉把这几份预报成果分别提交给"雪龙"号船和国家海洋局"雪龙"号船脱困应急处置领导小组。

王辉和他的预报员们非常自信，把万里之外的天气现象精确到小时来预报，而且对"雪龙"号船脱困的破冰

方向也给出了预案，一改老预报员们"保守预报"的"规矩"。

"雪龙"号船所在的南大洋海域依然刮着东南风，现场观测1月4日8时至5日5时共21小时，风向东南，风速从15米/秒逐渐降到8米/秒。此时，"雪龙"号船外围浮冰范围已超过8海里宽。南极大陆和南大洋，夏天经常吹东南风。"雪龙"号船救援俄罗斯船的整整一周之内，强劲的东南风夹着雪粒吹向南极大陆，把南大洋的浮冰也吹向大陆，这就是"雪龙"号船为什么一夜之间遭遇冰困的天气原因。

但是，大自然从来就不是单调的，它时而循规蹈矩，时而又变幻莫测。

国家海洋环境预报中心的预报员们惊奇地发现，在常年刮东南风的地方，由于一个副热带高压脊迅速形成，逼得"雪龙"号船附近出现一个时间间隙，届时东南风将改为西风，基本上是向反方向吹。加之气温有升高的迹象，西风将把浮冰从大陆方向吹向大洋方向。这一时段的西风，可能把浮冰吹开一道道无冰的水道，把"雪龙"号船送还大海。

这个预报没有历史记录可资借鉴，没有概率统计可供参考，而是根据大量的卫星云图得出的分析结论，是多次参加南极考察天气保障的老预报员们的经验总结，千载难逢却又恰逢其时。预报中心极地室的张林主任向局应急处置领导小组成员解释这股西风产生的依据时，充满自信又略带"侥幸"意味。

刘赐贵局长对预报中心作出的预报，组织极地考察办公室、极地研究中心反复论证，一次又一次地设问推演。

　　中央领导对"雪龙"号船脱困十分关心，中共中央办公厅、国务院办公厅多次限时要求国家海洋局报告脱困的时间和方案，新华社、人民日报、中央电视台和许多的境外媒体都在关注着并随时播报脱困的进展。

　　"雪龙"号船按此部署，准备于1月7日择机脱困。

　　1月7日14时30分，"雪龙"号船脱困的准备工作就绪，刘赐贵局长再次率国家海洋局"雪龙"号船脱困应急处置领导小组成员来到国家海洋环境预报中心天气会商室，组织专家就突围的三个方向作最后的论证。国家海洋环境预报中心、中央气象台、总参气象水文空间天气总站、中科院遥感所、北师大全球变化与地球系统科学研究院和中国海洋大学等单位的50多名专家学者和领导参加了讨论和论证。王辉操作着计算机，将一张一张天气

■ "雪龙"号船脱困应急预报会商

图、云图、冰图、卫星遥感图、风向风速能见度现场观测表等展示在屏幕上，万里之外的南极大陆和南大洋的风云变幻、海水流速、流向尽在指掌之间。这是现代科技武装起来的一批富有极地环境经验的科学家，是中国加入全球气象水文观测体系的一批职业高手。

刘赐贵局长主持的会商进行了两个多小时，会商决议："雪龙"号船所在海域在偏西风和由西向东的潮流影响下，冰情可能出现明显变化，当年冰区东侧边缘线持续向东延展，海冰更加松散，断裂的整块浮冰会向东快速漂移，形成"雪龙"号船脱困的"时间窗口"。

马克思说："科学绝不是一种自私自利的享受，有幸能够致力于科学研究的人，首先应该拿自己的学识为人类服务。""雪龙"号船的命运，就在这场高水平的会商中"算"了出来。

国家海洋局极地考察办公室

国家海洋局极地考察办公室直属国家海洋局，是参照国家公务员制度进行管理的财政补助事业单位，主要职能是代表国家海洋局组织南北极科学考察、管理相关极地事务。

主要职责：（一）组织拟订我国极地工作的发展战略、方针、政策和我国极地考察工作规划、计划，组织研究极地重大问题；（二）组织拟订我国极地科学考察、相关极地事务法律、法规及相关标准和规范，依法管理相关极地事务；（三）负责极地考察的组织、协调、指导、监督，组织开展极地领域的科学研究工作；（四）负责极地考察的基本建设、能力建设项目的组织、协调和监督；（五）负责组织、协调极地考察队组队工作，承担极地考察训练基地、驻外机构的管理；（六）负责组织、协调极地领域的国际事务及相关国际组织活动，组织极地领域对外及对港澳台地区的交流与合作；（七）承担极地科学普及、公众宣传等工作；（八）承办国家海洋局交办的其他事项。

中国极地研究中心

中国极地研究中心（原名中国极地研究所）成立于1989年，是我国唯一专门从事极地考察的科学研究和业务保障中心。

中国极地研究中心是我国极地科学的研究中心，是国家海洋局极地科学重点实验室的依托单位，主要开展极地雪冰—海洋与全球变化、极区电离层—磁层耦合与空间天气、极地生态环境及其生命过程以及极地科学基础平台技术等领域的研究；建有极地雪冰与全球变化实验室、电离层物理实验室、极光和磁层物理实验室、极地生物分析实验室、微生物与分子生物学分析实验室、生化分析实验室、极地微生物菌种保藏库和船载实验室等实验分析设施；在南极长城站、中山站建有国家野外科学观测研究站，是开展南极雪冰和空间环境研究的重要依托平台。

中国极地研究中心是我国极地考察的业务保障中心。负责"雪龙"号极地科学考察船、南极长城站、中山站以及国内基地的运行与管理；负责中国南北极考察队的后勤保障工作；开展极地考察条件保障的国际交流与合作。

中国极地研究中心是我国极地科学的信息中心。负责中国极地科学数据库、极地信息网络、极地档案馆、极地图书馆、样品样本库的建设与管理并提供公益服务；负责出版《极地研究》中英文杂志；负责进行国际极地信息交流与合作；负责极地博物馆、极地科普馆的建设和管理。

"十一五"期间，极地中心共计70人次因参加南北极考察获得立功表彰，其中记一等功2人次，二等功9人次，三等功33人次。目前，极地中心在编178人。

国家海洋环境预报中心

　　国家海洋环境预报中心是国家海洋局直属的财政补助事业单位，主要职能是负责我国海洋环境预报、海洋灾害预报和警报的发布及业务管理，为海洋经济发展、海洋管理、国防建设、海洋防灾减灾等提供服务和技术支撑。前身为国家海洋局海洋水文气象预报总台，1965年组建。现已成为我国专门从事海洋环境和海洋灾害预报警报、科学研究和咨询服务的权威机构。具体职责包括极地海洋、水文、气象和海冰的观测和预报；极地气候及极地对全球气候变化影响的研究；极地及临近洋区水文气象调查和极地站的越冬保障；极地卫星遥感技术研究及应用开发工作等。下设极地环境研究预报室，主要职责是负责极地海洋环境的研究和预报工作，参加国家海洋局组织的各项极地科学考察任务。

第四章
突出重围

　　获得"时间窗口"保障的"雪龙"号船始终没有向外发出求救信号，这是一场挑战自我的较量，最坏的打算和最好的方案都拿到台面上比较。渴盼已久的西风终于出现，"雪龙"号船在不知不觉中与浮冰一起移动。王建忠船长抓住时机果断转向，向北转、向东转，找准方向，1米、10米、100米……新华社记者记录下了在那遥远地方发生的故事，冰海亮剑，"雪龙"人书写了又一次"世界传奇"。

冰海荣光

"雪龙"号船南极救援脱困全纪录

是的，我是知道的

历史因为古老而勇武行进

青春穿越风雨而成为年轮

石头熔合于水火而贵为钢铁

道路经历选择而进入永恒

看白云行天，阳光落地

以理想的名义，我们选择坚贞

一　方案选择："窗口"之下安全之上"走钢丝"

全世界的目光聚焦在这里，全中国的牵挂关切在这里。一艘中国考察船被困冰海，101名考察队员的安全，牵动着千千万万人的心。

"雪龙"号船受困的消息不断扩散，媒体的电话一个接着一个打到极地考察办公室，曲探宙主任的座机、手机、传真全成了热线，白天、晚上响个不停。

送别时那位年轻妻子和所有船员、科考队员的亲人、朋友，不知下意识地拨了多少个电话，发了多少次短信，其实这些信息一个也没有通达。

"雪龙"号船是自行解困突围，还是等待其他船只来救援？方案的选择异常复杂和紧迫。

各种脱困方案摆满了刚刚成立的国家海洋局"雪龙"号船脱困应急处置领导小组成员的办公桌。国内外媒体人纷纷猜测"雪龙"号船和"绍卡利斯基院士"号船必须等待美国的"北极星"号重型破冰船来救。澳大利亚海上搜救中心向美国海岸警卫队通报了"雪龙"号船的情况，请求救助。美国"北极星"号破冰船原计划往南极美国考察站运送物资，途经悉尼港补给。得到澳大利亚海上搜救中心的通报后，已立即启航前往。不过，它到达"雪龙"号船受困海域的时间应该是1月10日—12日，"雪龙"号船如不自行脱困，就还得在冰冷的海域里多等待若干天！而救援的效果，目前却难以预料。

　　澳大利亚"南极光"号船首先观察到"雪龙"号船受困的情况。澳大利亚Fairfax传媒集团在"南极光"号船上的记者在直升机救援过程中，就已注意到"雪龙"号船周围的浮冰在迅速增加，已没多少活动余地。于是在澳大利亚传媒上发布了"雪龙"号船受困的消息。澳大利亚海上搜救中心第二天证实了这位记者的观察，据此要求"南极光"号船原地待命，如果"雪龙"号船遇上什么危险，就立即前往营救。

　　澳大利亚海上搜救中心的这一好意，让"雪龙"号船长王建忠非常感动，但"南极光"号船长左右为难。"南极光"号船此前与"雪龙"号船一同营救俄罗斯"绍卡利斯基院士"号船时，一直试图从外围破冰，破开一条通往"雪龙"号船的路，以便两船合力援救"绍卡利斯基院

士"号船。这一由双方船长在海上现场达成的协议从29日开始，直到新年钟声响起也未能完成。如今，"南极光"号船实际上已经帮不上"雪龙"号船什么忙了。

1月4日，当刚刚发现冰山漂来的时候，见习船长赵炎平就在驾驶台值班，看到"雪龙"号船在洋流的作用下迅速朝冰山漂移过去，现场所有人都冒了一身汗。"最近的时候，冰山离船只有400米。"赵炎平事后说。

赵炎平担心，巨大的冰山看似平稳，其实并不稳定，随时有可能"翻身"，然后朝船冲来，加上冰山底部体积巨大，一旦两者相撞，后果不堪想象。

面对这种情况，赵炎平一面仔细观察船周边的浮冰和冰山情况，一面指挥驾驶员全速倒车。"当时洋流的作用非常大，我们只能尽量让船漂向冰山的速度慢下来。"

所幸，在"雪龙"号船漂到距离冰山400米左右的时候，洋流的作用开始减小，在驾驶台的不断努力下，船缓缓退到了距离冰山550米左右的位置。

"雪龙"号船驾驶台上那台甚高频海事呼救电话静静地挂在那里，绿色的指示灯显示"正常"。王建忠知道，只要他一按电钮，一组"Mayday! Mayday! Mayday!"就会飞出窗外，传向四面八方，到时候南大洋所有具备破冰条件的船只都会赶来救助。但是，王建忠没有摁动那个电钮，他和刘顺林领队抱着极大的希望，不相信国内海洋环境和气象学家提供的"时间窗口"是一场梦。心急如焚中的镇定自若，默默呈现着日益走向强大的中国自信！

1月4日晚，国家海洋局二楼会议室灯火通明。刘赐贵局长没有等到"雪龙"号船发来脱困具体方案，就连夜召集应急处置领导小组成员和相关业务机构专家开会，视频连线"雪龙"号船受困现场，与考察队共同研究"雪龙"号船面对的形势和脱困方案。会场上，大家你一言我一语；刘顺林、王建忠通过视频连线，不断回答刘赐贵局长和应急处置领导小组成员的问题。刘赐贵局长总的意图是，要在预期的"时间窗口"把"雪龙"号船救出来，同时也怕有"商"不清、"算"不到的情况和问题，必须做最坏的打算，尽最大的努力。

一夜无眠，无数次地探讨、争论、推理，会议最终形成了四套初步方案：第一，以1月6日—7日为"时间窗口"，"雪龙"号船自行脱困；第二，自行脱困不成，请求美国"北极星"号破冰船协助我船脱困；第三，如第一、第二

■ 科考队员观测冰况

方案无法实施，"雪龙"号船原地等待第二个天气系统的到来，寻机脱困；第四，如发生冰山撞船危险，直升机将船上人员及时转运至附近船舶或陆地，保障人员安全。

四个方案都需要做详细的安排，四个方案中最倚重的是第一方案，如果第一方案实现了，压在所有人心中的"雾霾"也就烟消云散了。

其实，早在受困的当天，刘顺林就在与船长王建忠商量自行脱困的办法，他们一致认为，只要国家海洋环境预报中心提供的"时间窗口"如期而至，即1月6日—7日有几十个小时东南风停歇，刮西风，"雪龙"号船周边这一片浮冰就会被慢慢吹开，"雪龙"号船就有机会抓住空隙脱困。

刘顺林把队员们发动起来，运用现有的仪器设备实时监测现场气象、海冰、冰山、水文等综合环境动向，搜集研判多方信息，积极与国内相关单位进行会商，拟定并评估多种脱困方案。

困难仿佛迎刃而解了，但是"雪龙"号船果真能一举破冰突围、摆脱困境吗？实际上面临三大不确定性。

首先，西风的强度和持续时间能否足以吹散厚重的浮冰，不确定。目前，清水区在"雪龙"号船的右舷方向，但右舷的浮冰最为厚重，西风能否给"雪龙"号船脱困开辟一条通道并不确定。浮冰厚达3~4米，而"雪龙"号船只有1.2米的破冰能力，目前船上半空载，吃水不够，持续破冰对螺旋桨和舵损伤很大。

　　其次，西风对"雪龙"号船周围冰山的影响多大，不确定。目前，船头横亘的一座小冰山，时刻威胁着船的安全。西风对这座冰山有什么影响不确定，西风对"雪龙"号船周围的其他冰山有何影响都还是未知数。

　　第三，带来西风的高压天气系统对这片海域有何影响，不确定。为什么一夜之间"雪龙"号船被突然堆积的厚重浮冰推移了0.86海里？为什么一夜之间船的右舷出现了一座漂移的大冰山？为什么船的右后方那座大冰山今天又好像不动了？这片海域是我国船舶第一次航行，这些堪称"奇异"的自然现象还无法解释。

　　"雪龙"号船突围有三种路径选择：右舷方向、右前方和左前方。三条路径都有风险：右舷方向是清水区，但浮冰太厚，远远超过"雪龙"号船的破冰能力；受"破冰跑道"的限制，向右转向极其困难；左前方与清水区方向背道而驰，浮冰也非常密集。

"雪龙"号船目前最适合往右前方突围，但最大的隐患是距船头500多米处那座小冰山。如果太靠近，"雪龙"号船有被卡住的危险。根据预案，"雪龙"号船将等待西风把浮冰吹松散以后，在破冰相对容易又和冰山保持一定距离的情况下，择机向右前方突围。

1月5日凌晨，刘顺林主持召开了第30次南极科学考察队临时党委扩大会议，对船长王建忠拟定的自行脱困实施方案（第一方案）进行了讨论、细化和评估，最终形成了《"雪龙"号船脱困现场实施方案（草拟稿）》，分别发送到极地考察办公室与中国极地研究中心。

《方案》的核心是选择1月6日—7日作为"时间窗口"，操纵船舶努力开掘回旋空间，将航向由320度转为360度，避开船头方向的小冰山，然后向东突围到清水区。

不需要诸葛孔明设坛祭天借东风。"雪龙"号船脱困，万事俱备，只欠西风。

二　同舟共济："雪龙"精神与智力援手

什么叫顽敌？它阵容并不大，威力并不猛，却能像拦路虎一样，死死地绊住你。

前几天一直困扰着"雪龙"号船的几座冰山有的已经随洋流漂到了较远处，它们对船的威胁已经解除，现在只剩下船头的那座小冰山还停在那里，一直没有移动。

1月6日，国家海洋环境预报中心传来一张这片海域的卫星遥感图，从图上可以看出，就在"雪龙"号船的右舷不远处是一条明显的洋流线，那里的洋流活动非常频繁，而"雪龙"号船恰巧停留在这条线的旁边，没有受到干扰。这就是为什么在右舷的冰山快速运动，而"雪龙"号船却纹丝不动的原因；那座小冰山恰好和船在一条线上，所以它也没有继续移动。对"雪龙"号船来说，还无法预料这条洋流线是机遇，还是陷阱。

"雪龙"号船受困于这片茫茫的浮冰区，尽管一时还没有出现合适的突围机会，但船上101位船员和科考队员，没有一人出现恐慌情绪。这101名队员中，多次参加南极科考的老队员占了很大比例，他们在长期的极端恶劣的自然考察环境中，练就了一种从容不迫、临危不乱、乐观向上的积极精神。这种精神，给新上船的队员一种无形的心理支撑，使他们在不知不觉中就将自己的身心融入，跟随着"雪龙"号船的节奏勇往直前。

在这样的时刻，他们更深深地感受到，身后有一个强大的祖国。

"雪龙"号船接到党中央、国务院以及全国人民的慰问电后，队员们备受鼓舞，领队刘顺林动员布置全队所有与测冰、抗冰脱险有关的技术和设备力量参与到全船的脱困突围中来。

维多利亚队的韩惠军和颜小平，利用测绘手段在船的顶层甲板架设"全站仪"，用任意坐标观测的方式，每隔2小时监测一次"雪龙"号船周边的冰山动态，通过对定量单位时间观测数据的统计分析，可以得出冰山的移动速率和轨迹，为考察队科学决策提供精准的实时数据。

像一场对付顽敌的持久战，拼的不仅是勇敢，更是意志。"雪龙"号船轮机长吴健带领各值班船员密切监视周围冰山和浮冰的动向，轮机部船员精心看护着每一台仪器设备，确保万无一失，及时给"雪龙"号船破冰突围提供强劲的"心脏动力"。"雪龙"号船有一台主机和三台辅机，主机的功率13200千瓦，每台辅机发电功率为1000千瓦，轮流为船供电，各台机器都处于良好的工作状态。在突围关键时刻，吴健安排轮机部由原本的双人值班变为三人值班，除了仔细观察主机的温度、燃油压力等所有参数外，同时还安排专人"盯住"舵机，以防破冰受损。除

■ 轮机人员正在工作

■ 轮机人员观察主机运转情况

了在机舱集控室以外，吴健还经常前往驾驶台观察冰情，提醒驾驶员注意浮冰对舵机和螺旋桨的影响。在驾驶室的桌子上，吴健又特意在航行日志的旁边摆放了一份《冰区航行舵机使用注意事项》，上面记载着倒车发生船尾撞冰时舵的使用方法，以及发现舵机打不动时的处理方法。机舱里虽然自动化程度很高，但值班的三管轮李文明和机工方平没有丝毫懈怠，不时到各种仪表和管路前巡视查看。

1月6日凌晨1时7分。舷窗外，下了一天的大雪还没有停，时断时续地飘着雪花。不一会儿，冰上还腾起大雾，世界显得混混沌沌的，分不出哪里是天空，哪里是冰面，让人觉得十分压抑。从上到下的每一个人，都不禁心存疑问：这样的气象条件，能给"雪龙"号船带来突围的机会吗？

为了能够积聚能量脱困，考察队抓住停航的间隙，完成了船舶和直升机的检修、维护作业，做好了出现最坏情况的应对预案。

　　"雪龙"号船被困于冰海之后，甲板部加强瞭望，不间断观察船舶周围海冰变化，特别对周围每一座冰山进行标注、跟踪，确保船舶的安全；白天值班人员清洁生活区各层甲板卫生和生活区内四楼的卫生；例行检查舱面和大舱内将运送维多利亚地和长城站的设备、货物，确保正常；木匠调拨压载水，调整船舶吃水深度；与国家海洋局进行视频连线，配合央视直播采访，进行设备和线路准备，确保连线畅通；24小时待命进行报文和邮件收发，及时传递往来传真，确保对外通信畅通；驾驶台和甲板各种设备工作正常。

　　机舱主要设备运行正常；机库门限位开关重新调整；2号消防泵、2号舱底水泵和2号压载水泵马达检查，控制箱检查，电机线圈阻值测量，绝缘测量正常；淡水驳运泵驳水异常管路检查；2号淡水驳运泵声音异响检修，拆卸更换连接轴；直升机库液压系统检查，阀门螺丝紧固；2号和3号柴油发电机组清洁；前部动力分配电箱检查，挡板螺栓紧固；机舱全天冰区机动值班。

1月6日22时，西风终于出现了。

风动云从，众志成城。全船立即进入最高等级"应急状态"，驾驶室和机舱设立双岗值班，确保人员、船舶和设备安全；临时党委成员到驾驶室现场值守，汇总并记录船位、气象、浮冰、冰山、船舶动力和设备运转情况，以及目前采取的行动和即将采取的行动，及时向国内指挥中心和澳大利亚海上搜救中心报告动态。

科考队员陈虹、连晟及时用科学仪器测量浮冰、冰山位置，给船长决策提供了科学数据；第29次南极科考队中山站站长张北辰承担了船上国际信件的翻译与回复工作；管事缪伟精心烹制饮食，保障队员们随时补充能量；队医楼征背着医药箱在驾驶台待命，准备着随时进行急救和护理。

■ 驾驶员正在工作

压力，在人生的旅途中难以避免。面对压力，有人会失去奋进的勇气，熄灭进取的热情，而有人却立定了进取的志向，鼓起了奋进的风帆，从而磨练出坚忍不拔的品格。在"雪龙"号船脱困突围过程中，王建忠船长是承受压力最大的人。在党中央、国务院、各部委领导和世界各地人们的高度关注下，他的一举一动都将被作为历史记录下来，成为一笔巨大的时代精神财富。

随着突围最关键的时刻一点点逼近，王建忠不是在驾驶台观察指挥破冰准备工作，就是在办公桌前分析资料，做脱困的"沙盘推演"。针对"雪龙"号船破冰突围的实际情况，王建忠将船边的大块浮冰进行了编号，通过精确测算，把握浮冰的近期运动规律和规模。

他集中全部精力，沉着冷静、机智果断地迎接这场也许是他人生中面临的最大一次挑战。

三 破冰突围

2014年1月7日凌晨4时45分。

"雪龙"号船驾驶台上一片忙碌的身影。船长王建忠拿起望远镜，登上左舷瞭望台，左右扫视着海面。窗外是一望无际的白色坚冰，终于盼来的西风还很弱，并没有如期吹散"雪龙"号船周围的浮冰。

随船预报组组长于海鹏从船载的气象观测仪上读取了一组数字：风向西偏北，风速6~7米/秒，风力4级。6时，逐渐转为西风，但风力还是不大。卫星导航仪上的地理坐标在微微地发生着变化，半个夜晚的西风将浮冰整体吹得微微东移了，"雪龙"号船也随这块巨大得说不清是什么形状的浮冰发生了漂移。

等待已久的突围计划即将实施。

"雪龙"号船计划从右后侧穿到流动冰区边缘。船头方向从320度转到350度，避开前方的小冰山，向右转向突围。

茫茫冰海，如大敌十面埋伏，"雪龙"号船昂首如横刀立马的孤胆英雄。

主机启动后，王建忠指挥"雪龙"号船向船头右前方进行尝试性破冰。但在连成一片的无垠坚冰中，身长167米、体重2.1万吨的"雪龙"号船，转身十分艰难。由于浮冰太密集，冰上积雪太厚，被船头撞碎、"咬破"的碎冰无处可去，便拥挤地漂浮在狭窄的航道中。

6时15分，北京—"雪龙"号船卫星电话连线接通，国家海洋局刘赐贵局长听取了刘顺林和王建忠脱困现场的情况汇报，提出宜早不宜迟，抓住"时间窗口"，实施脱困行动。

6时42分，"雪龙"号船动船，继续破冰。随着风力加

1月4日《新闻联播》

天有不测风云，人有不变的良知。"雪龙"号救出了别人之后，自己被突变的天气和海况困住，这是事先没有预料到的。但是事实上，在那种生死救援面前，也容不得想那么多。"雪龙"号这一次的选择，体现的是中国在国际道义上的一贯选择……我们都说吉人自有天相，衷心祝愿，人努力，天帮忙，"雪龙"号能够早日脱困远航。

大，海冰开始松散，船尾方向开始出现水塘，船周围浮冰和船头方向的小冰山随着风力作用整体向东漂移，但船周围的海冰未出现明显松动。经过几个小时的反复倒车、加速、破冰后，航向已由320度转到350度，身边的"水塘"范围有所扩大。

在努力调整航向、拓宽航道的过程中，"雪龙"号船自身也可谓险象环生，舵叶和螺旋桨的导流罩被海冰"别"了几次。每"别"一次，船长和轮机长的心里就"咯噔"一次。舵叶和螺旋桨是远航船的"命根子"，"别"坏了，就回不去了。

"雪龙"号船在被海冰包围的狭窄空间里，缓缓地倒车、前进、破冰、转向，小心翼翼地循环往复，逐渐扩大自己的活动空间。

"雪龙"号船尾方向的不远处，白色的天空下有一抹淡蓝色，那里就是清水区，生机近在咫尺，却因为船身难以转向而显得十分遥远。

驾驶台的气氛很紧张。船长王建忠戴着墨镜，一会儿在左舷的窗口向后观察冰面情况，一会儿又跑到右舷，一边观察，一边指挥值班船员操舵。连日来的心力交瘁，使他看上去有些憔悴，有些消瘦，出征前基地码头上的热烈场景，总是在他心间挥之不去，"我们不是为失败而来的！"信念唤起了超强的意志力，使他依旧显得精神饱满。

"雪龙"号船见习船长赵炎平、政委王硕仁以及领队刘顺林、大洋队队长矫玉田、维多利亚队队长查恩来等人，都在窗口密切观察每一块浮冰的位移。科考队员陈虹不时地用激光测距仪进行精确测量。

　　万里之外，"雪龙"号船的一举一动受到国家海洋局"雪龙"号船脱困应急处置领导小组成员的密切关注，刘赐贵局长通过极地办曲探宙主任发来电报，要求船上每半个小时汇报一次情况，包括海冰、冰山状况，"雪龙"号航向，破冰状况以及当地海域的风向、风速、海流等气象要素。

　　茫茫冰海，连日来的东南风，将周围的浮冰吹得密密实实地冻结在一起。"雪龙"号船的船头是用低碳特种钢材制造的，能在低温的海水里持续作战，它一点一点地啃着冰面，一块一块地压碎坚冰，顽强地扩大着船体的回旋空间。

　　无奈，浮冰太厚，冰上积雪太多，被"咬碎"的浮冰无处可去，只能淤积在狭小的航道中。倒车的时候，"雪龙"号船尾挤压着浮冰，发出巨大的声响。

　　与往日大刀阔斧的破冰景象不同，这次"雪龙"号船破冰十分小心翼翼。因为船头不远处那一座冰山，看上去虽然不大，

但冰山在水下看不到的部分，至少是海面上露出部分体积的六倍，稍不小心，船就会被冰山卡住。

这是与顽敌对抗中的蚕食和绞杀，狭路相逢，智者胜！

一个上午过去了，"雪龙"号船在原地破开一片南北长约三四百米、东西宽约两三百米的活动场地。总算把船头掉了过来，船头已指向约45度，王建忠长长地舒了一口气。

15时30分，刘赐贵局长签发《国家海洋局值班信息》第8期《"雪龙"号船开始实施脱困行动》，报中共中央办公厅和国务院办公厅。

时间一分一秒地过去，窗外能见度越来越差，"雪龙"号船驾驶台气氛越来越紧张。

从5时一直到17时，"雪龙"号船一直在这片密集的浮冰区狭窄的航道中，艰难地向右转向。

眼见西风越来越弱，有利的天气"时间窗口"越来越接近

■ 脱困的最后一击

尾声，而"雪龙"号船头依然还是白茫茫一片，丝毫不见浮冰上有任何变化迹象。

王建忠船长因疲惫而显憔悴的脸上，神情越来越严峻、深沉。他从一个窗口瞭望，奔跑到另一个窗口瞭望，用简短而沉稳的声音指挥驾驶员倒车、进车。一次又一次，顽强地与浮冰抗争。

时间窗口只剩下3个小时，王建忠知道最后的决战时刻到来了，果断决定原地向右调头冲冰。成败在此一举。

考察队领队刘顺林、政委王硕仁等临时党委成员，集中在驾驶台，积极支持船长指挥。王建忠身负千钧重担，但绝不是一个人在抗争，这是"雪龙"号船的临时党委和全体船员集体在战斗。

冰面上的雾气越来越大，能见度已不足百米，远处的冰山隐隐约约，越来越难以看清。不利的天气眼见就要来临，破冰突围时间紧迫。

时间一分一秒地过去，所有人的心紧紧凝聚在一起，极其沉重。

"雪龙"号船一次又一次地向右破冰，进展缓慢但毫不妥协。

17时50分左右，天色开始暗淡下来。

王建忠紧紧地盯着前方的冰面，计算着回旋空间和冲冰的距离，指挥驾驶员再一次倒车，用船尾再次挤压浮冰，慢慢地挤出一条约400米长、带有一点弧度的航道，趁浮冰还未及合拢，迅速进车，再进车，加速，然后一个右舵，用尽船体速度的全部力量，冲向右前方的一大块坚冰，"轰隆隆……""雪龙"号船高昂着头并剧烈地震颤了一下！

就在这"轰隆隆"的一瞬间，奇迹发生了！

仿佛一道闪电，深色的海水撕开了洁白的冰面，在船头方向魔幻般地裂开了一道水线，一直延伸到远方，化作水道，指向清水区。

驾驶台沸腾了，一片欢呼！突围成功了！

冰海亮剑，靠的是"雪龙"号船象征的南极精神，剑锋所指，所向披靡！

■ 破冰

让历史告诉未来吧

天外之天的梦境里

铭刻着我的今生和来世

我是你映入沧桑的剪影

我是你深入大地的根须

祖国啊，祖国——

我为你直上云峰

我因你坚如磐石

为你猛如虎，勇如火，徐如林

我们没有玷污母亲的名誉

亮在你的明眸中

活在你的心跳里

家人的期盼

我是徐挺的爱人，张萍，一名幼儿园老师。当徐挺告诉我他们成功将被困的俄"绍卡利斯基院士"号船上所有52名乘客转移到澳大利亚"南极光"号破冰船上的时候，一种自豪感油然而生，我为我们中国感到骄傲，为"雪龙"号船感到骄傲，也为徐挺感到骄傲。

就在我为此事感到高兴的时候，从新闻中得知"雪龙"号船在撤退的时候自身也被困住了，当时非常着急，又无法与徐挺联系上，于是接下来的那一周的时间，我家的电视就定格在了新闻频道，我和女儿只要在家，就时时关注新闻，了解有关"雪龙"号船的最新情况，生怕错过任何一点有关"雪龙"号船突围的消息。

"雪龙"号船受阻后，党中央、国务院高度重视，中共中央总书记、国家主席、中央军委主席习近平立即做出重要指示。这不仅给船上的所有队员以信心，同时也让我们家属感受到了党的温暖。

由于"雪龙"号船周边洋流情况和冰山情况比较复杂，极地所领导专门成立了一个资料分析小组，集合了船上的海冰专家和船舶方面的专家，以及气象专家综合来分析，积极收集各方面资料，大量信息包括冰情气候信息，为下一步决策做准备。"雪龙"号船不是孤单的，它有坚强的后盾，相信在全国人民的共同关注下，在极地中心领导的指挥下，他们一定能顺利突围的。之前的担心化作了信心，亲人之间的心是相通的，我们的信心会传递给船上的亲人。

新闻频道的即时报道，不仅让我们家属及时了解了"雪龙"号船的动向，同时也是一次全面的直观的南极科普教育，让大家对南极那块神秘神圣的大陆有了了解，对南极考察有了了解，对我们"雪龙"号船有了了解。

作为一名幼儿园老师，职业的本能让我带领着孩子们一起走进了南极那冰天雪地的世界。尽管孩子们对南极科考还无法理解，但是，他们知道了地球的最南端是南极，那里有奇异的冰山、似莲花似桌面的浮冰、憨态可掬的企鹅、美轮美奂的朝霞晚霞，火红的"雪龙"号船也印在了他们的脑子里，对"雪龙"号船上的科学家们产生了崇敬的心情。"我要去南极"成了他们心中的向往。

就像徐挺在电视上说的那样，一切努力都不会白费的。在党中央的关怀下，在极地中心领导们的日夜坚守下，在"雪龙"号船所有人员的共同努力下，"雪龙"号船抓住了突破最佳时间窗口，顺利解困了，重新踏上了科考征途。

在此非常感谢所领导对我们家属的关心。身为南极人的家属，我由衷地感到骄傲、自豪。

第五章
世界相聚在南极

　　早在古希腊时代，天文学家、地理学家克罗狄斯·托勒密就猜想，地球的南端有一块未被发现的"大陆"。十几个世纪的时光荏苒、物换星移，人类未能证明托勒密的猜想。1773年，英国航海家库克船长驾驶着帆船进入南极圈，在随后两年的航行中，与南极大陆海岸的距离最近时仅有240公里，却为坚冰所阻而返航。库克的航行，发现了南极圈附近的生物资源，由此引发了欧美狩猎者前往南极海域捕猎海豹和鲸鱼的热潮。南极大陆也在一次次无关科学的征服中，逐渐揭开了她神秘的面纱……今天，中国"雪龙"号船来了，中国科考人来了，无论是华丽转身还是骄傲站立，都是中国梦的铿锵誓词。

冰海荣光

向祖国报告——

我是你的长城、昆仑和泰山

我们已经植入这一方泥土

我们已经属于这一次行程

耳畔总伴随汽笛长鸣

这是不会结束的尾声

梦想之路向前延伸——

一　跨越四个时代的南极征程

历史是过去传到将来的回声，历史是胜利者的宣言。然而历史是一出没有结尾的戏剧，每一个结局都将是这部大戏崭新情节的又一个开始。

美国科学家的一项最新研究显示，人类可能在1.4万多年前就已经到达过北美，比之前有些学者认为的要早约1000年。发布这项研究成果的考古学家丹尼斯·詹金斯称：在美国俄勒冈州一处洞穴中发现了一些古人类粪便化石以及少量古器物，这些排泄物可能与生活在西伯利亚和东亚其他地区的早期人类有关。一些人类学家认为：西伯利亚和东亚其他地区的早期人类可能在气候温暖的年代，沿着连接西伯利亚地区和阿拉斯加半岛的大陆桥前往北美，开启了人类早期的"地理大发现"。

但是，人类对地球两极的探索却开始得很晚很晚。

从1772年库克扬帆南下到19世纪末，先后有很多探险家驾驶帆船去寻找南方大陆，历史上把这一时期称为帆船时代。

1772年—1775年，英国詹姆斯·库克船长（Captain James Cook，1728—1779）领导的探险队在南极海域进行了多次探险，记录了南极的多种生物资源，但并未发现任何陆地。直到1819年，英国的威廉·史密斯船长发现南设得兰群岛。

以后，伴随着民族国家的纷纷建立，为了海疆国界不断扩张，统治者拨出巨额经费支持远洋航海，吸引了数以千计的探险家前赴后继，奔向南极洲。

库克船长

詹姆斯·库克是英国皇家海军军官、航海家、探险家和制图师，曾经三度奉命出海前往太平洋，带领船员成为首批登陆澳洲东岸和夏威夷群岛的欧洲人，也创下欧洲船只首次环绕新西兰航行的纪录。

库克曾经三度出海前往太平洋地区，在数千公里的航程途中深入不少地球上未为西方所知的地带。运用测经仪，他为新西兰与夏威夷之间的太平洋岛屿绘制了大量地图，地图的精确度和规模皆为前人所不能及。在探索旅途中，库克也为不少新发现的岛屿和事物命名，大部分经他绘制的岛屿和海岸线地图，都是首次出现于西方的地图集和航海图集内。在历次的航海旅程中，他展露出了航海、测量和绘图、逆境生存和危机应对等方面的才华。

1779年，库克和他的船员在第三次探索太平洋期间，与夏威夷岛上的岛民发生打斗，他在事件中身亡。

1820年11月18日，美国帕默尔乘"英雄"号单桅纵帆船，发现了奥尔良海峡和后来证实为从南极大陆延伸出来的南极半岛的西北岸。

南极洲的探险在1820年—1830年趋于白热化。

1821年俄国别林斯高晋和拉扎列夫率领的探险队，乘"东方"号和"和平"号帆船环南极大陆一周，发现了亚历山大一世岛，别林斯高晋当时把它命名为亚历山大一世海岸。但是他没有上岸，也不知道那本身就只是一个岛。从此，他以"发现"南极自居。

美国的约翰·戴维斯是第一位登上南极半岛的人。1821年2月7日，他乘"西西利亚"号纵帆船，从南极半岛北端的休斯湾登陆，这是人类历史记载的首次南极登陆，从此人类开始了深入南极大陆内地的探险活动。

1839年—1843年，英国探险家罗斯三次到南极探险，在南大洋航行的过程中发现了一个不结冰的水域，即现在以他的名字命名的罗斯海。在他继续向南航行期间，发现了一处陡峭且岩石林立的海岸线，绵延于南纬70度41分、东经172度30分的地平线上，即后来所称的阿代尔角，还发现了高达十几米的罗斯冰障和一座海拔3795米高的活火山。

帆船时代的探险家，真正能看到南极洲并留下英名的犹如凤毛麟角，无数追随者却是沉舸雪海，饮恨冰洲。

19世纪末到20世纪初，人类南极探险进入英雄辈出的"英雄时代"。

1895年1月，挪威克里斯滕森船长驾驶"南极洲"号捕鲸船登陆阿代尔角，博克格雷温克担任领队的英国探险队成为第一支登上南极大陆的探险队。同时，博克格雷温克也是乘坐雪橇深入南极内陆而到达南纬78度50分处的第一人，这是当时人们所到达的最南的地方。

1907年—1909年，英国探险家沙克尔顿领导的探险队穿越罗斯冰架，在罗斯岛过冬。次年，他们向南进发，用西伯利亚矮种马和人拉雪橇，于1909年1月9日抵达南纬88度23分、东经162度处，找到了通往南极点的路线，并且创造了离南极点只有179.7公里的最南的纪录。

1911年，由挪威的阿蒙森、德国的菲尔希纳、英国的斯科特、澳大利亚的莫森和日本的白獭矗中尉等领导的探险队，分别在南极大陆展开探险，目标都是南极点。

阿蒙森是第一位到达南极点的人。1911年10月20日，阿蒙森等一行5人开始了远征南极点的行程，平均每天行进38公里，用3天时间就到达南纬80度的地方，并于12月14日到达南极点，建立营地，设置天文台，进行了连续24小

别林斯高晋海

别林斯高晋海，是太平洋极南部的一个陆缘海，长约1100公里，位于太平洋东南端，约西经75~100度，南极半岛西侧亚历山大一世岛和瑟斯顿岛之间，西侧接阿蒙森海。因俄罗斯探险家法比安·戈特利布·冯·别林斯高晋于1821年首次对此海域进行探测而得名。

海域西端瑟斯顿岛以东尚有杜斯丁岛、弗莱特契尔岛，北部则有彼得一世岛，东北部亚历山大岛以东还有查科特岛。各岛附近水深一般为180~400米，皮特岛以南则深达4167米，北面入口处达5318米。南部有宽阔的大陆架，最宽达800余公里。海域气候寒冷多变，强大风暴和浓雾天气一年达250天，海区基本位于永久封冰区内，沿岸冰层厚4~5米，盐度约33.5‰。

时的太阳观测，确定出南极点的精确位置，然后垒起一堆石头，插上雪橇作标记，还插上一面挪威国旗。

1911年11月1日，以英国探险家斯科特为首的5人探险队在支援队的陪同下，向南极点进发。他们靠人拉雪橇运输补给品，历尽千难万险，终于在阿蒙森到达南极点之后的第35天来到此地，并发现了阿蒙森留下的帐篷和先行到达南极点的测量记录。斯科特伤感地在南极点住了两天，但仍顽强地重新确定了南极点的位置，测得的结果与阿蒙森确定的南极点只差几百米。斯科特等5人1月18日开始返回，由于食物不足，天气突变，体力不支，滞留在归途中，最后全部捐躯。斯科特离开人世之前，用尽最后的生命力，对此前采集的17公斤岩石和植物化石标本进行了妥善保管，树起了一根衡量科学精神的标杆。

第一次世界大战后至20世纪50年代中期，人类的南极探险逐渐用机械设备取代狗拉雪橇，特别是飞机为人类宏观、正确地认识南极大陆提供了可靠的手段，开辟了南极探险的新纪元，历史上称这一时期为机械化时代。

1928年11月26日，英国威尔金斯爵士从迪塞普申岛起飞，沿着南极洲半岛的东岸飞抵南纬70度处。他是驾机从事南极洲探险的第一人。

1929年11月18日—19日，美国人伯德率领巴尔钦等人，首次驾机飞入南极内陆，抵达南极高原，环绕南极点飞行，从飞机上拍摄了南极洲大约9万平方公里的区域，完成首次飞越南极点的空中探险。

1926年—1937年，挪威人克里斯滕森、米克尔森夫人多次领导探险队在南极洲探险飞行，发现了英格丽德·克里斯滕森海岸，并进行了航空测量。1935年2月，米克尔森夫人随挪威探险队一起在英格丽德·克里斯滕森海岸登陆，并成为登上南极大陆的第一位女性。1936年2月4日，克里斯滕森夫人在航空探险中，发现了哈拉尔王子海岸。他们在这一系列的探险活动中，进行了三次登陆，发现了3600公里长的南极海岸线，航空测量了8万平方公里的南极大陆，还从飞机上向多个地点投下了挪威国旗。

1933年—1939年，美国人埃尔斯沃思进行了四次探险，飞行22天，先后着陆4次，航程3700公里，完成了横越南极大陆的飞行，从南极半岛顶端的邓迪岛起飞，直达惠尔湾东南26公里处。埃尔斯沃思的探险，证实了飞机可以在南极大陆进行多项目的考察作业。1938年—1939年，他又驾机在东经80度的地区飞行438公里，并将这一地区命名为美国高地。

1938年—1939年，里彻领导德国探险队飞入毛德皇后地，共飞行1.2万公里，对35万平方公里的陆地进行了航空摄影，利用照相和观察手段对60万平方公里的地区进行了空中侦察，并将东经21度至西经12度之间新发现的陆地绘制成图。

1939年—1941年，伯德率领美国南极勤务队在惠尔湾建立西基地，在斯托宁顿岛建立东基地，并进行了远距离的航空测量，三次飞过阿蒙森海中的大块浮冰，确定了埃尔斯沃思高地和沃尔格林海岸的位置。

第二次世界大战的爆发，使得南极洲的探险活动陷于停顿，直到1946年美国实施"跳高行动"。"跳高行动"派出舰船13艘，出动飞机26架，参加人员达4700人，在南极水域停留近40天，从惠尔湾内的小美洲基地，向南、向东飞行，两架水上飞机沿着南极大陆周围飞行，所到之地除南极洲半岛和威德尔海海岸外，几乎包括全部的南极

大陆海岸。这次考察飞行64架次，对60%的南极沿岸进行了观察和摄影，航空摄影1.5万公里，拍摄照片7万张，确定了18座山的地理位置标记。

1946年—1948年，美国探险家龙尼带领的南极考察探险队的3架飞机飞行346小时，着陆86架次，拍摄1.4万张航空照片，新发现13个地区，证实了南极洲确为一个大陆，并在威德尔海南部发现高地，否定了"大陆在此为海峡所分"的说法。

1949年—1952年，挪威、瑞典、英国组成的探险队，冬季在西经10度的毛德皇后地从事科学研究，用地震法探测到冰层厚度为274～2271米，还用飞机沿海岸探测飞行804公里。

1950年1月，法国维克托领导的探险队在阿黛利海岸建立马丁港基地，从事气象学和其他学科的研究，后来成为国际地球物理年计划的一部分。

1954年，澳大利亚在南纬67度36分、东经62度55分的麦克·罗伯逊地建立第一个常设基地，并进行气象学和其他方面的研究。

从1957年—1958年的国际地球物理年起至今，众多科学家拥往南极，建立常年考察站，进行多学科的科学考察，这一时期被称为"科学考察时代"。

国际地球物理年期间，参与国际地球物理年研究的国家共有60多个，其中6个国家在南极大陆或附近岛屿上建立基地。美国海军船只1955年启航，到麦克默多海峡建立科学研究设

施，并在惠尔湾建立科学基地。此外由12艘船、3525人和40架飞机组成的"深冻行动Ⅱ"另建立了5个站。1957年冬，由88人组成的探险队在南极洲设置"小美洲五号"基地。

1954年—1955年，阿根廷在菲尔希纳冰架上建立贝尔格拉诺基地，法国在阿黛利海岸建立基地，日本利用破冰船在奥拉夫王子海岸建立基地，比利时在毛德皇后地建立供国际地球物理年使用的科学考察站，挪威在距马塔公主海岸64公里的内地建立考察站。

1957年1月，新西兰在罗斯岛建立斯科特站，并派遣补给队，协助富克斯博士领导的探险队在1957年末从威德尔海经南极点横越南极大陆到达罗斯海。

苏联在南极洲也建立了一些基地，在玛丽王后海岸上建立基地和平站，并在距和平站370公里的内陆建立前进基地。

1956年2月，澳大利亚在麦克·罗伯逊地重建莫森站，还派探险队进入内陆483公里处从事地质、地理探察和科学研究。

1957年1月，美国海军破冰船抵达古尔德湾，船上有30位军人、9位科学家，在龙尼船长的领导下，在此地过冬；蒂尔领导的探险队在80天内行走1313公里，发现了一条从古尔德湾延伸到伯德站附近、低于海平面1067米的狭长海沟；龙尼曾多次飞行到内陆探险，发现了一些新的山和一座面积约1000平方公里的大岛。

1957年—1958年国际地球物理年以及由美国、苏联、英国、法国、日本、比利时、挪威、新西兰、澳大利亚、阿根廷、智利和南非12个国家参加的南极考察活动，开创了南极科学考察国际合作的新时代，促成了南极科学研究委员会的成立和《南极条约》的签订。

国际地球物理年

1957年—1958年科学界发起国际地球物理年活动（International Geophysical Year），组织国际千余名科学家深入南极大陆开展科学考察，大规模的科学考察和国际合作展现了人类希望和平利用南极的强烈愿望。为推动南极科考，国际科学理事会（International Council for Science）1957年成立南极研究特别委员会，后更名为南极科学研究委员会（Scientific Committee on Antarctic Research，简称SCAR），通过合作将在南极开展科学考察活动的国家联系在一起，为规划和协调南极科考活动发挥了重要作用。

■ 南极开发之路

(二) 奠定和平、合作框架的《南极条约》

随着南极考察活动的深入开展,特别是随着南极地区丰富的自然资源不断被发现,以及其他一些社会因素,南极地区已引起世界各国的关注。自20世纪20年代以来,一些国家宣称自己拥有南极洲的土地,因此南极的和平稳定问题摆上了国际议事日程。

在有领土要求的七个国家中,英、法、澳、新、挪五国之间达成了某种默契,其中任何一个国家的领土要求可得到其他四国的承认,而该国同时也承认其他四国的领土要求。当时的两个超级大国美国和苏联均没有提出对南极的领土要求,在很大程度上缓和了南极的局势。人类最终把南极纳入和平共存的轨道,取决于南极的几个自然条件。

1.遥远且无法生存。南极大陆不仅地理位置遥远,更重要的是气候恶劣,不具备生存的环境和基本条件,现阶段除了科学考察,仍是人迹罕至。

2.无直接经济利益。南极很有可能富藏矿产资源,包括煤、石油、天然气和天然气水合物等能源以及金属矿物资源,但目前还无法从事商业开发。现阶段能够为人类所利用的主要是科学考察。由于这座天然的科学实验室具有唯一性,因此主要议题还是如何保护好南极。

3.摩擦与冲突无益。鉴于以上两点基本原因,不难得出没有必要发生冲突的基本结论。

4.国际地球物理年活动提供了契机。该活动组织科学家在南极开展科学考察和研究,由此引申出广泛

国际合作。科学家们在南极首创和平合作精神，在国际社会开创了避免冲突、维护和平的范例，进而为《南极条约》的缔结提供了契机，促成了南极国际共管体制的最终确立。

　　1957年底至1958年初，涉南极国家之间的外交磋商频繁，经过多方反复磋商，一致认为，应在国际社会建立一个长效稳定机制，目的是鼓励在南极科学考察，以和平合作的方式防止在南极发生争端，将发生冲突的可能性降到最低，最终达到缓和南极局势的目的。

1958年5月2日，美国向其他11个国家书面建议召开缔结南极条约国际会议，得到各国的积极响应。经过一年多的充分协商，正式会议终于在1959年10月—12月召开，12月1日，12个原始缔约国一起签订《南极条约》，并于1961年6月23日生效。

《南极条约》的生效是人类社会解决国际争端的一个创举，以"冻结"的方式搁置对领土要求的争议，并确保科学考察活动和国际合作的开展，有效地维护了南极的长期和平稳定，并得到国际社会的广泛认同和支持。《南极条约》提倡和鼓励缔约各方在人员、信息、条件保障等领域广泛地开展交流与合作，期望最大限度地节省人类共同拥有的资源，以有效的方式充分认识和了解南极，从而推动科学事业的发展，最终达到永远和平利用南极的目的。《南极条约》从国际立法的角度，为未来全面和平利用南极奠定了基础，展示了以合作为主旋律的国际南极精神。

今天，《南极条约》缔约国已从12个发展到47个，约占世界人口的90%，取得协商国地位的国家增加到28个。以条约为框架的国际共管体制，近50年来不仅运行有效，而且逐渐被国际社会所承认和接受，搁置争议、尊重和维持现状的原则已经成为当今国际社会解决各种争端被广泛接受和普遍采用的原则。此后加入的缔约国必须以承认和接受条约所订立的条款为前提，进而奠定了国际共管的基本框架，确保了南极局势的长期和平稳定。

中国于1983年6月成为缔约国，1985年10月取得协商国地位。

三 中国走向南极

中国走向南极，首先从一个大科学家的梦想开始。

1957年，中国现代地理学和气象学的奠基人、中国物候观测网和自然资源考察系统的倡导者和组织者、中国科学院副院长竺可桢教授，在一次国家高层会议上提出：中国人应该去南极，研究南极。

1964年2月21日，中共中央、国务院批准成立国家海洋局，邓小平、聂荣臻等中央领导在批示中强调的六项基本任务中，第三项任务是"将来进行南极、北极海洋考察工作"。

1978年春天，全国科学大会在北京召开。国家海洋局作为国家在海上最重要的一支科技队伍，适时提出"查清中国海、进军三大洋、登上南极洲"，到20世纪末在海洋调查科技上接近、赶上和超过世界先进水平的宏伟目标。

1978年4月22日，中国首艘远洋调查船"向阳红5"号的地质调查分队，从太平洋埃利斯群岛以西4784米的大洋深处，"抓取"了5颗锰结核样品，标志着我国已有在深海大洋中开展大面积科学考察并获取地质样品的能力。

1981年9月15日，国家南极考察委员会办公室正式成立。

1983年5月6日，第五届全国人大常委会第二十七次会议通过了中国加入《南极条约》的决议。6月8日，中国驻美国大使章文晋向条约保存国美国政府递交了加入书，至此，中国正式成为《南极条约》成员国之一。中国，离南极

一代宗师竺可桢

竺可桢（1890—1974），又名绍荣，字藕舫，浙江省绍兴县东关镇人（今属浙江省绍兴市上虞区）。当代著名地理学家、气象学家和教育家，中国近代地理学奠基人，曾任浙江大学校长。1921年在南京高等师范学校建立了中国第一个地学系，1929年—1936年任中央研究院气象研究所所长。1936年—1949年担任了13年的浙江大学校长。抗战期间他带领浙大师生进行了"文军长征"，使得当时的浙大成为一所世界名校，被英国著名学者李约瑟誉为"东方剑桥"，竺可桢也因此成为浙大历史上最伟大的校长，被尊为中国高校四大校长之一。竺可桢被公认为中国气象学、地理学界的"一代宗师"。

越来越近了。

1984年2月7日，国务院同意在南极洲建站和进行科学考察。

5月28日，国家海洋局二所成立南极研究小组。

5月31日，国家科委和国家计委批准在上海组建中国极地研究所。

8月6日，国家海洋局、南极委下发《南大洋和南极洲考察总体方案》。

9月11日，中国首次南极考察编队组成。

9月26日，中华人民共和国外交部向澳大利亚、新西兰、阿根廷驻华大使馆发出公告：中国南极委决定在1984年—1985年南极夏季派出中国南极考察队赴南极考察，并准备在南极半岛地区选择一个地点建立夏季站，同时开展科学考察活动，希望各国政府给予协助和提供方便。

10月15日，邓小平同志为中国首次南极科学考察题词："为人类和平利用南极做出贡献。"

11月20日，中国首次南极科学考察编队乘"向阳红10"号和"J121"号科学考察船从上海港东海分局高桥码头启航，赴南极洲建站并进行科学考察。12月31日，考察队登上南极洲南设得兰群岛的乔治王岛，中华人民共和国国旗第一次插上南极洲大陆。

1985年2月20日，在南极洲乔治王岛上胜利建成中国第一个南极科学考察基地 —— 中国南极长城站。

1985年第十三届南极条约协商国会议一致同意接纳中国为《南极条约》协商国成员。1986年，中国被接纳为南极科学研究委员会（SCAR）正式成员国。

加入《南极条约》后，中国作为一个负责任的大国，

严格履行各项条约义务，多次发起科技合作和保护南极环境的倡议，是条约体系的重要维护力量。

　　和平利用南极是人类文明进步与和平发展的伟大事业之一，中国南极远征最大限度地扩大了中国人的海洋视野，也建立了中国人在世界人民心目中坚韧、持久、和平、远见、和谐的国际形象。

■ 中国在南极的先声

■ 南极内陆队出征

(四) 193年的跨越

环南极大陆的大洋考察一直是中国南极科学考察的一个梦想。

2014年1月8日,"雪龙"号船奇迹般地从东南极南大洋重冰区脱困后,向浮冰少但风浪较大的西风带边缘行进,继续环南大洋航行考察和前往维多利亚地,以15～16节的速度继续踏上环南极大陆科学考察征程,并争取把因为援救俄罗斯船而失去的时间抢回来,到下午,已经向东北方向航行200多海里。

经过4000多海里的航行和沿途的科学考察,"雪龙"号船终于在国内大年除夕的前一天,抵达南极长城站。

2014年2月2日零时,"雪龙"号船前往阿根廷乌斯怀亚港。

短暂的南极夏季是科学考察的黄金季节。"雪龙"号船本次整个环南极大陆大洋考察设置了33个调查站，为了争取时间，一直坚持不去避风，夜以继日地奔赴一个个预先设定好的海洋考察站位。

"雪龙"号船一直沿着南纬63度40分的南大洋向西南航行，2014年2月25日凌晨再次到达中山站附近的普里兹湾，整整环南极大陆航行了一圈，我国海洋科学家多年来的一个梦想实现了。

中国第一次环南极大陆进行海洋化学、海洋生物、海洋物理和海洋大气等多种学科考察，完成33个站位的多种大洋科考作业，还连带进行了一个环南极大陆的飞行考察项目，总航程达1.1万海里，获得了中国在南大洋第一份完整的科考资料。

环南极大陆大洋调查的意义在于，在一个夏季里用相同项目作一次性连续调查与观测，对整体掌握南大洋特定时间里地质、地貌、生物、物理、化学、海气相互作用，以及大气和空气等的性质十分重要。

■ 南极泰山站正在建设

　　2013年6月28日，经国务院批准，国家海洋局正式启动实施新建南极内陆夏季考察站——中国南极泰山站建站工程。

　　泰山站主体建筑由中国第30次南极科学考察队负责组织实施。2013年12月26日，由28名设计、施工、后勤保障人员组成的泰山站建设队伍，乘"雪龙"号船到达中山站，经中山站赴泰山站所在区域开展建站工作。2014年1月3日14时30分左右，泰山站钢结构主体顺利封顶。经过全体建设队员45天的不懈努力，最终按计划完成建站任务，2月8日正式建成、开站。

　　泰山站的建立，不仅增加了我国南极考察站数量，也扩大了我国南极科学考察活动的覆盖范围，使得我国南极科考能覆盖格罗夫山等南极关键科考区域。

南极泰山站和已经建成的南极长城站、南极中山站、南极昆仑站、北极黄河站，既是我国极地工作者开展科学考察的平台，又是我国对外科学交流的重要窗口。

从1984年开始组织开展南极考察，到2014年3月止，中国向南极派出科学家和保障人员4000多人次，进行了30次大规模的科学考察，成立了中国极地研究所和极地训练基地，建立了4个南极科考站，使我国极地研究的科学性、配套性、实用性和研究水平均达到世界水平，为系统、深入地进行极地科学考察奠定了良好的基础。

在中国南极泰山站建成并投入使用之际，中共中央总书记、国家主席、中央军委主席习近平致信表示热烈祝贺，对不惧艰险、立志造福人类的广大极地科学工作者表示诚挚的问候。

　　习近平在贺信中说，极地科学考察是人类探索自然奥秘、探求新的发展空间的重要领域，是一项功在当代、利在千秋的事业，相信在广大极地工作者辛勤努力下，我国极地科学考察事业一定能够为造福人类做出新的更大的成绩。

　　让历史告诉未来，"雪龙"精神，山川永纪！

中国南极泰山站

泰山站是我国继长城站、中山站和昆仑站之后建成的第四个南极科考站，也是第二个南极内陆站，其名称寓意坚实、稳固、庄严、国泰民安，代表中华民族巍然屹立于世界民族之林的含义。

泰山站位于东南极内陆冰盖腹地，海拔2621米，年平均温度-36.6℃，距离中山站522公里，距离昆仑站约600公里，总建筑面积1000平方米，其中主体建筑410平方米，辅助建筑590平方米。

泰山站圆环形外表、碟形结构和高架设计，具有中国传统文化特色的红灯笼元素，色彩鲜艳，网友们则认为富有极强的科幻色彩和现代气息，犹如"降落在冰封世界的UFO"。

主体建筑平面呈正16边形，建筑底部架空，由8根圆柱支撑，集稳健、科学、环保、节能、安全、美观于一身，从容体现现代中国建筑文化的精髓和风格。主体建筑三层，一层为设备区，二层为生活区，三层为科研区。二层生活区分内圈、外圈两部分：内圈是一个中厅，作为餐厅兼综合活动中心，集餐饮、酒吧、运动、视听、阅读、聊天等功能于一体；外圈为主要使用区，包括宿舍及厨卫、医疗等功能房间。

中厅顶部是两排LED灯，可模拟一年四季甚至一天中的光线变化。由于科考队员在作为夏季站的泰山站工作时，处于极昼状态，灯光变化，可为队员的科研和生活起到调节作用。

每间宿舍内有4张上下铺铁床，中间为写字台，门口为宿舍的供热系统。为了让队员更贴身取暖，供暖口在齐腰位置，不同于普通房间在房屋的顶部。

泰山站站址位于1900米厚的冰层之上，冬季最低温度达-60℃，极端风速达到每秒60米。采用耐低温的特种钢作为建筑主材料，能抵抗强风、暴雪、酷寒、冻融、冻胀、强紫外线照射、盐蚀等不利因素的影响；环形结构视野开阔，可以减少风阻；主体建筑架空离地，可以避免迎风面飞雪堆积甚至被掩埋；建筑外围护材料，根据高尔夫球体表面凹凸不平而风阻更小的原理，结合风洞试验比对，采用表面有波纹的夹芯保温钢板，使建筑整体更有利于气流通过，大大减少风阻；外围护屋面及地面板有一定坡度，可减少积雪堆积。

降低碳排放量是泰山站建设及使用过程中的一个努力方向。南极地区尤其是泰山站建设地，夏季太阳能、风能充足，泰山站在设计时选用太阳能发电系统和风电系统提供能源，一般情况下，可提供充足的电力，完全可以满足整栋建筑的用电需求。

此外，泰山站内部设置了二氧化碳实时监控系统，并与通风系统相结合，及时调控室内二氧化碳的含量。同时，设计有进风口和出风口来增加通风效率，并使气流的感觉最小化。此外，还设置了独立吸烟室，并采用单独的通风系统，能有效地排除烟雾，减少火灾隐患。

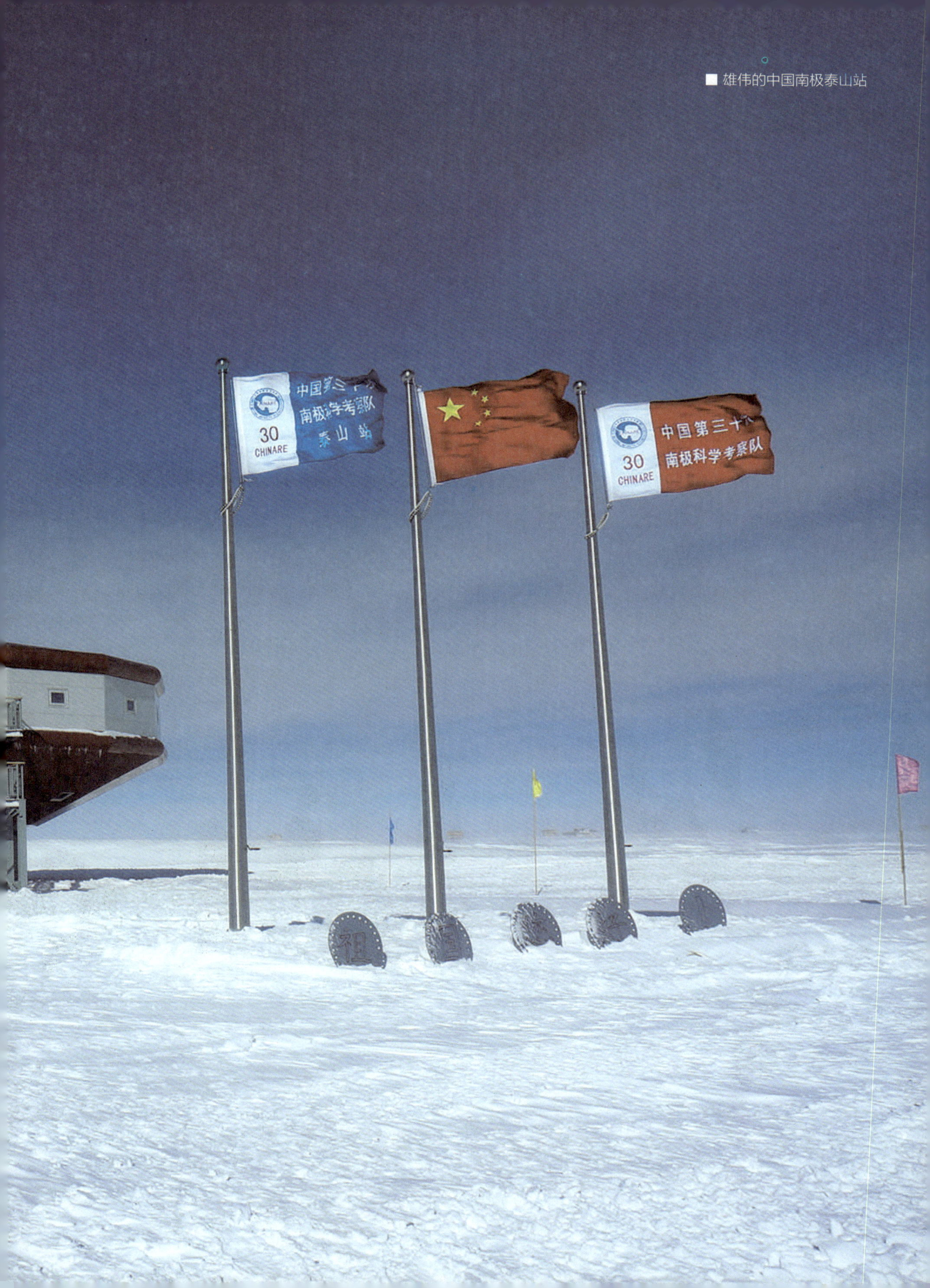

■ 雄伟的中国南极泰山站

附　录
中国历次南极科学考察队
时间、任务一览

　　自1980年开始，我国政府选派了多人次的科技人员前往外国的南极科学考察站、考察船和其国内南极研究机构进行科学考察和熟悉情况的考察，从组织管理到科学考察和后勤支援各方面，为我国独立组织南极科学考察队打下了基础。在国家南极考察委员会和国家海洋局的直接组织和领导下，在国务院相关部委局的支持下，从1984年11月20日我国派出首次国家南极考察队至今，已经进行过30次南极考察，来自上百个科研院所和大学的数千名科学家在南极科学研究领域取得了丰硕的成果。在"爱国、求实、创新、拼搏"的南极精神鼓舞下，中国的南极科考事业一定会为人类和平利用南极做出更大贡献。

冰海荣光

准备阶段

时间 1984年11月20日前

任务 中国政府选派科技人员到外国南极站和考察船进行科学考察。

首次南极科考队

时间 1984年—1985年

队别 度夏队、越冬队

任务 度夏队：南大洋考察，包括生物、水文、气象、化学、地质、地球物理等6个学科23个项目的科学考察；
陆基考察，包括建设中国南极长城站，开展地质、地貌、高空大气物理、地震、生物、地磁、测绘、大气
气溶胶等项目考察。
越冬队：在刚刚建成的长城站进行首次越冬。

第二次南极科考队

时间 1985年—1986年

队别 度夏队、越冬队

任务 度夏队：地质、地貌、水文、气象、海洋沉积、测绘、地球物理（地震、地磁、固体潮）、高空大气物理
（哨声、电离层）、生物、冰川、通信、天文等12个学科76个项目的科学考察。
越冬队：高空大气物理、地球物理、天文学、气象、大气气溶胶等5个学科考察。

第三次南极科考队

时间 1986年—1987年

队别 度夏队、越冬队

任务 度夏队：以试捕磷虾为主的大洋测区科学考察；地质、测绘、气象、通信、冰川、环境、地球物理、生物
等11个专业24个项目的陆上科学考察；海洋地球物理、海洋物理、海洋化学、海洋生物等专业考察。
越冬队：气象、地球物理、高空大气物理、通信试验等项目的科学考察。

第四次南极科考队

时间 1987年—1988年

队别 度夏队、越冬队

任务 度夏队：气象、地震、地磁与高空大气物理等学科的常规观测；重点开展纳尔逊冰帽的冰川学研究，冰川
冰缘地貌研究，南极洲与中国古生物地层对比研究，地磁与高空大气物理学研究，地震观测与研究，地磁
观测与研究，菲尔德斯地区重力场及重力固体场潮汐研究，菲尔德斯海峡断层运动形变监测，南极地区人
体生理及医学的研究与医学资源的开发，乔治王岛潮间生态系研究，电离层研究，气象观测与研究等12个
项目39个课题。
越冬队：冰川、冰缘地貌、潮间带生物学和人体生物学等项目的科学考察，气象、固体潮、高空大气物理
的常规观测。

第五次南极科考队

时间　1988年—1989年

队别　长城站度夏队、长城站越冬队、中山站度夏队、中山站越冬队、海洋学考察

任务　长城站度夏队：生物学、大气、高层大气物理学、测绘学、冻土、地质学等6个学科16个项目的34个课题的考察，考察重点是潮间带生态系。

长城站越冬队：气象、电离层、空间物理、大气哨声、地球物理等学科的常规考察；生物、冻土、地貌、人体生理等学科的考察。

中山站度夏队：建设中国南极中山站；对站区的测绘、地质、生物、环境、水文、地形、气象和高层大气等进行考察。

中山站越冬队：生物、气象等冬季常规考察观测项目；保证队员安全顺利越冬。

海洋学考察：走航和中山站附近的海域考察。

第六次南极科考队

时间　1989年—1990年

队别　长城站度夏队、中山站度夏队、中山站越冬队、南大洋科学考察

任务　长城站度夏队：高空大气物理、环境科学、低温生物、冰川、古地理、太阳活动峰年观测、人体医学、潮间带生态系等11个学科38个课题的考察；中日科学家合作进行低温生物生理特性和古地理研究。

中山站度夏队：较精确地测定中山站的正北方向，建立三分量和二分量大气哨声、电离层、甚低频以及短波通信的测量系统；完成野外地质调查和气象要素的测定。

中山站越冬队：重点进行第二十二太阳峰年观测；开展高空大气物理、气象等13个项目的连续观测。

南大洋科学考察：水文、化学、生物考察，取得大量的表层水数据，采集一批水样。

第七次南极科考队

时间　1990年—1991年

队别　长城站夏/冬季考察、中山站夏/冬季考察、南大洋科学考察

任务　长城站夏/冬季考察：气象、地震、地磁、高空物理、电波传播等5项常规观测任务；第四纪地质和岩石学取样工作；中日科学家合作进行植物生态学研究，长城湾微型生物研究，太阳活动峰年对大气状态影响的研究，利用子午卫星接收仪对太阳活动峰年的研究，长城湾海滨沙金矿资源考察研究等各项科学考察工作。

中山站夏/冬季考察：地质、冰川、测绘与制图、大气物理、固体地球物理、人体医学研究等项目的考察。

南大洋科学考察：以磷虾生态为主，同时开展中加合作对碳循环调查工作，及海洋浮游植物，海水化学和氟、硒、碘的循环，物理海洋学等项目。

第八次南极科考队

时间　1991年—1992年

队别　长城站夏/冬季考察、中山站夏/冬季考察、南大洋科学考察

任务　长城站夏/冬季考察：冰川研究，测绘科考，沼泽湿地研究，苔藓对比研究，日地整体关系研究，电离层常规观测，地磁、地震观测，地磁、哨声常规观测，气象观测，人体生理与医学检测，地质考察，污水排放监测分析等项目。

中山站夏/冬季考察：气象、地磁、高空物理、电离层等常规观测；开展地质地貌、测绘、地理环境、固体潮、淡水生物生态的研究。

南大洋科学考察：以磷虾资源调查为中心的海流考察及船舶调研工作。

第九次南极科考队

时间 1992年—1993年

队别 长城站夏/冬季考察、中山站夏/冬季考察、南大洋科学考察

任务 长城站夏/冬季考察：岩石圈、古生物、生态系、土壤微生物、水生生物、土壤分类、潮间带和浅海生态系研究、晚更新世晚期环境变迁、现代环境背景、海洋环境污染等项目的考察。

中山站夏/冬季考察：完善和扩建科学实验用房6.38平方米；进行固体地球物理、空间物理、极隙区动力学、气象等6个课题的常规观测分析研究；开展东南极克拉通资源潜力分析、地壳演化2个课题的现场考察。

南大洋科学考察：磷虾项目观测、气候项目和晚更新项目中与大洋有关的课题观测与采样。

第十次南极科考队

时间 1993年—1994年

队别 长城站夏/冬季考察、中山站夏/冬季考察

任务 长城站夏/冬季考察：地面气象常规观测和卫星接收，开展地磁、地震、电离层常规观测，南极菲尔德斯半岛及其附近地区生态系研究，南极大陆、陆架盆地岩石圈结构、形成、演化和地球动力学以及重要矿产资源潜力的研究，湖相沉积环境过程，现代环境与自然背景，南极环境对人体生理、心理健康及劳动能力的影响和医学保障等项目考察，及越冬地震、电离层常规观测。

中山站夏/冬季考察：地面气象常规观测和卫星接收，地磁常规观测，电离层常规观测，固体潮常规观测、BREWER臭氧观测（中山站地区臭氧总量、NO_2、SO_2以及UVB等要素的观测）。

第十一次南极科考队

时间 1994年—1995年

队别 长城站夏/冬季考察、中山站夏/冬季考察、南大洋科学考察

任务 长城站夏/冬季考察：地面气象常规观测和卫星接收，地震观测，电离层观测，南极菲尔德斯半岛及其附近地区生态系项目考察，南极大陆、陆架盆地岩石圈结构、形成、演化和地球动力学以及重要矿产资源潜力的研究项目考察，南极环境对人体生理、心理健康及劳动能力的影响和医学保障等项目。

中山站夏/冬季考察：气象常规观测，地磁常规观测，电离层常规观测，BREWER臭氧观测，岩石围项目现场考察，宇宙尘现场采样，南极与全球气候相互作用及影响项目现场考察，南极地区日地整体关系研究项目现场考察，中山站地区大地测量现场考察。

南大洋科学考察：以"南大洋磷虾资源考察与开发利用预研究"项目为主，结合进行"晚更新世晚期以来气候与环境演变及现代环境背景的研究"项目中的沉积取样工作；开展普里兹湾及其临近海域的综合性海洋调查。

第十二次南极科考队

时间 1995年—1996年

队别 长城站夏/冬季考察、中山站夏/冬季考察、南大洋科学考察

任务 长城站夏/冬季考察：安装自动站，气象观测及发报，太阳辐射的观测，天气预报卫星图像接收，海水监测，NOAA卫星高分辨资料的接收，气象传真图接收及长城站地区天气预报，长城站附近区域海冰实况监测，地面气象、电离层、地震常规观测。

中山站夏/冬季考察：常规地面气象观测天气预报，臭氧观测，高空大气物理观测，中澳合作感应式磁力仪的观测，电离层观测，地磁观测。

南大洋科学考察：对"雪龙"号船进行改装，完成ADCP、CTD等新加装仪器设备的测试；进行磷虾考察，协助新西兰科学家进行大气采样。

第十三次南极科考队

时间 1996年—1997年

队别 长城站度夏队、长城站越冬队、中山站度夏队、中山站越冬队、南大洋科学考察

任务 长城站度夏队：气象常规观测，地震、地磁观测，电离层垂测，国际GPS联测，苔藓植物的微气候研究。

长城站越冬队：气象考察，地震地磁观测。

中山站度夏队：海冰生态项目，高空大气物理观测，甚低频、短波场强和极光观测，中层大气物理观测，气象观测、预报和卫星图像接收，重力场和固体潮观测，臭氧观测，地质考察，淡水生态考察，国际GPS卫星联测，地磁项目。

中山站越冬队：气象观测、预报和卫星图像接收，海冰生态，高空大气物理观测，甚低频、短波场强和极光观测，中层大气物理观测，重力场和固体潮观测，臭氧观测。

南大洋科学考察：往返航线的走航观测，普里兹湾4条断面线中23个站位的调查作业。

第十四次南极科考队

时间 1997年—1998年

队别 长城站度夏队、中山站度夏队、南大洋科学考察、国际合作考察

任务 长城站度夏队：国际GPS联测，卫星接收系统改进和更新（包括中山站及船载卫星系统部分），长城站附近海域锚地水深测量（包括中山站部分）。

中山站度夏队：测绘考察，拉斯曼丘陵地质构造事件关系考察。

南大洋科学考察：普里兹湾及其邻近海域考察，走航观测，测区考察取样，船载气象卫星云图接收系统航行实验及使用，长城站附近海域锚地水深测量，中山站附近海域水深测量。

国际合作考察：赴西班牙南极考察站进行地质考察。

第十五次南极科考队

时间 1998年—1999年

队别 长城站度夏队、长城站越冬队、中山站度夏队、中山站越冬队、南大洋科学考察

任务 长城站度夏队：长城站地区环境考察，国际GPS联测，气象、高分辨卫星云图接收，地震常规观测等。

长城站越冬队：气象常规观测预报，地震、地磁观测。

中山站度夏队：野外地质考察，生态环境科学研究，中山站自然环境过程与环境指示研究，中山站水体、冰藻类的UVB生态效应现场考察，中山站区环境专题研究及气象、极光、臭氧等科学考察。

中山站越冬队：气象常规观测预报，臭氧观测，地磁常规观测，重力场与固体潮观测，平流层和大气电场观测，高空大气物理观测，大地测量科学考察。

南大洋科学考察：完成29个综合站和两个48小时生物、化学、海洋水文要素的连续站的调查任务；完成3个深水站和1个陆隆坡站的调查任务；开展中山站附近海域物理海洋学考察，化学海洋学和生物地球化学考察，海洋生物学考察；走航观测；馒头山测深并首次找到锚地，绘制1:5000水深地形草图。从此"雪龙"号船结束了在中山站流浪漂泊无锚地可进的历史。

第十六次南极科考队

时间 1999年—2000年

队别 长城站度夏队、长城站越冬队、中山站度夏队、中山站越冬队、南大洋科学考察

任务 长城站度夏队："南极站区近现代自然界面环境过程对全球变化的响应与反馈研究"专题环境考察，南极生物群落的系统分析和UVB的生态学效应现场考察，长城站区域环境影响评价研究现场考察，GPS卫星SCAR国际联测，"南设得兰群岛新生代构造岩浆、火山作用的环境效应及古生态研究"子专题现场考察，"南极大气和空间物理过程对全球变化的响应研究"专题现场观测，格罗夫山综合考察；完成长城站

区域环境影响评价现场考察。

长城站越冬队：常规气象观测，常规气象预报，地磁、地震常规观测，中山站度夏考察，"南极站区近现代自然界面环境过程对全球变化的响应与反馈研究"专题中山站站区及其近岸地区生态环境监测与研究现场考察，"中国南极考察区域的海洋—大气—生物等圈层的相互作用综合研究"专题南极中山站区域环境影响评价研究，"南极大气和空间物理过程对全球变化的响应研究"专题现场观测，"南极站区近现代自然界面环境过程对全球变化的响应与反馈研究"现场考察，中国南极长城站常规气象观测及地磁、地震常规观测。

中山站度夏队：中山站环境影响评估，南极站区及其近岸地区的生态环境监测与研究，南极站区近现代自然界面环境过程对全球变化的响应与反馈研究，南极板块运动研究和东南极海洋潮汐变化研究。

中山站越冬队：常规气象观测和部分研究观测，常规气象预报，南极重力场和固体潮的观测和研究，中山站中层大气和日地关系探测现场考察，极区地磁场和等离子体波观测，"南极大气和空间物理过程对全球变化的响应研究"专题暨中日合作高空大气物理现场观测，GPS跟踪观测与国际联测，中澳合作自动验潮站的建设与常规观测等项目。

南大洋科学考察：气象观测与预报服务，物理海洋走航观测，海洋化学走航观测，海洋生物走航观测，物理海洋学观测，海洋化学和生物地球化学观测和取样，海洋生物学等项目的观测和取样工作。

第十七次南极科考队

时间 2000年—2001年

队别 长城站夏/冬季科学考察、中山站夏/冬季科学考察

任务 长城站夏/冬季科学考察：GPS国际联测，人类活动对乔治王岛海鸟生态的影响观测，气象常规观测，停止地震常规观测项目善后工作。

中山站夏/冬季科学考察：气象常规与臭氧观测，卫星云图接收，海冰和辐射观测，电波观测，大气气溶胶采样，海冰湖冰观测，中日合作高空大气物理观测，地磁常规观测，国际GPS联测与海平面监测，停止固体潮常规观测项目善后工作，停止中层大气常规观测项目善后工作。

第十八次南极科考队

时间 2001年—2002年

队别 长城站度夏队、长城站越冬队、中山站度夏队、中山站越冬队、南大洋科学考察

任务 长城站度夏队：人类活动对乔治王岛海鸟生态的影响，长城站区湖泊沉积与环境事件研究，长城站及其邻近海域生态环境监测站前期考察，南极现代地壳运动和内陆冰盖运动及其动力学研究，长城站常规气象观测。

长城站越冬队：完成长城站各项现场天气预报保障工作，长城站地面常规气象观测，海冰实况监测。

中山站度夏队：站区冰缘湖泊沉积环境事件调查，拉斯曼丘陵格林威尔期地质事件的探究及其构造意义，拉斯曼丘陵冰盖环境变迁考察，常规气象、卫星遥感、海冰、辐射观测，臭氧观测，中山站高空大气物理观测研究，地磁常规观测，电波观测，中山站GPS基准站国际联测，内陆冰盖雪冰综合考察。

中山站越冬队：常规气象观测，南极臭氧及有关观测，中日合作南极高空大气物理观测研究，地磁与高空物理常规观测，GPS常年跟踪站观测，验潮站数据采集。

南大洋科学考察：南大洋ADCP走航观测，南大洋CTD观测，表层水测盐和普里兹湾CTD水样盐度数据校正，EK500走航观测与普里兹湾及其外海磷虾资源声学调查评估，碳循环的生物地球化学特征和碳通量模式研究，低层大气采样，南极和南大洋气溶胶采样，南大洋海冰夏季海—气 CO_2 交换和上层海洋 CO_2 体系及其热力学过程观测采样，南大洋磷虾生态学调查，铁的海洋地球化学，南大洋生产力采样，南大洋生物的初级生产力和新生产力，低温生物采样，南极生物基因特性及遗传多样性研究现场采样，南大洋低温微生物采样，太平洋—印度洋暖池、环流系统和海气相互作用的预研究。

第十九次南极科考队

时间 2002年—2003年

队别 长城站度夏队、长城站越冬队、中山站度夏队、中山站越冬队、南大洋科学考察

任务 长城站度夏队：国际GPS联测，生态环境监测站的建立与生态环境监测，GOES卫星接收系统建设，南极基础测绘，宽频带地震台建设，人类活动对南极环境生态的影响研究。

长城站越冬队：长城站冬季气象科学现场观测。

中山站度夏队：拉斯曼丘陵地质考察，中山站地磁实验室维修以及地震台建设工程和宽频带地震观测。

中山站越冬队：气象科学现场观测，中日合作南极中山站高空大气物理观测研究，中山站GPS常年跟踪站观测和验潮站数据采集等。

南大洋科学考察：针对"十五"期间的如下优先研究领域进行现场观测：极地绕极波（ACW）和绕极流（ACC）的机制和动力模式研究，大洋关键水团及其输运动力学过程研究，埃默里冰架与海洋的相互作用研究，南大洋海冰变化及其对全球气候影响的研究，南印度洋碳通量及其生物地球化学过程研究，南极磷虾资源及其综合开发技术与应用研究，南极低温微生物特性研究及其应用，极地温室气体的监测与基本过程研究；该航次现场海洋考察的学科是物理海洋学、海洋化学、海洋生物学和碳循环相关观测等。

第二十次南极科考队

时间 2003年—2004年

队别 长城站度夏队、长城站越冬队、中山站度夏队、中山站越冬队

任务 长城站度夏队：人类活动对南极乔治王岛环境生态的影响，长城站2004年国际GPS联测，西南极菲尔德斯海峡断层GPS地壳形变监测等3个项目的科学考察。

长城站越冬队：气象、天气预报及GOES气象卫星资料接收和臭氧等有关科学现场观测，海冰实况辐射监测。

中山站度夏队：南极普里兹湾水团和环流特征与冰架相互作用过程研究的埃默里冰架运动GPS卫星定位等现场考察。

中山站越冬队：完成长城站气象和臭氧等有关科学现场观测及采样，开展高空大气物理（UAP）观测研究，流星余迹通讯（MBC）实验，地磁常规观测，GPS常年跟踪站观测，验潮站数据采集。

第二十一次南极科考队

时间 2004年—2005年

队别 长城站度夏队、长城站越冬队、中山站度夏队、中山站越冬队、南大洋科学考察

任务 长城站度夏队：近海海洋生态环境及其生物多样性考察，绝对重力测量，长城站2005年国际GPS联测，虚拟长城站数据采集。

长城站越冬队：GOES-12卫星资料接收，常规气象要素观测，南极环境对人体、心理、生理影响。

中山站度夏队：南极普里兹带1：50万地质图编制调查项目，达尔克冰川动力学监测，中山站周边环境现状调查及特别保护区考察，拉斯曼丘陵大地控制网项目。

中山站越冬队：气象常规观测，南极臭氧及有关观测，中日合作中山站高空大气物理观测，地磁常规观测，中山站海冰冬季观测实验，中山站GPS常年跟踪站观测。

南大洋科学考察：物理海洋、海冰学、海洋化学、海洋大气化学、海冰观测调查，输出生产力采样，南极微生物及其基因资源的药用研究，海洋生物及渔业资源等学科调查，获取走航和定点站位观测数据及样品。

第二十二次南极科考队

时间 2005年—2006年

队别 长城站度夏队、长城站越冬队、中山站度夏队、中山站越冬队、南大洋科学考察

任务　长城站度夏队：南极地区生态环境监测，南极无冰区生态地质考察，长城站国际GPS联测，气象观测。

长城站越冬队：气象常规观测。

中山站度夏队：达尔克冰川动力学监测；人体医学研究；通过中澳合作，在中山站和戴维斯站周边较大范围开展企鹅、海豹聚集地粪土层沉积采样；电离层漂移观测实验；对拉斯曼丘陵东部露出地区的航空摄影测量。地球重力固体潮观测研究。

中山站越冬队：气象常规观测，大气臭氧观测，大气气溶胶采样，高空大气物理观测，GPS常年跟踪站观测，验潮站数据采集，普里兹湾海冰观测。

南大洋科学考察：南大洋混合调查项目，南极普里兹湾水团和环流特征与冰架相互作用过程研究，中美合作"南大洋上层海洋的变化和气候效应研究"等；完成走航和定点观测，进行1400多海里大洋断面调查。

第二十三次南极科考队

时间　2006年—2007年

队别　长城站夏/冬季科考、中山站度夏队、中山站越冬队

任务　长城站夏/冬季科考：阿德雷岛企鹅生态学观察与研究，生态地质学考察，基于3S技术的菲尔德斯半岛生态基线空间分异及其指示意义研究，南极长城站站区三维空间信息的采集，长城站GPS国际联测，菲尔德斯半岛地质、地貌和生物基本情况调查，南极无冰区生态地质学考察，生态环境监测，大气科学现场观测。

中山站度夏队：南极湖泊晚更新世高分辨率的古气候记录项目，极地嗜冷菌新种的发现项目，普里兹带在泛非期东南极拼合中的构造作用项目，中山站达尔克冰川动力学项目，拉斯曼丘陵典型湖泊项目。

中山站越冬队：常规气象观测，中日合作高空大气物理观测研究，GPS常年跟踪站观测和验潮站数据采集，地磁常规观测，重力固体潮观测。

第二十四次南极科考队

时间　2007年—2008年

队别　长城站夏/冬季科考、中山站度夏队、中山站越冬队、南大洋科学考察

任务　长城站夏/冬季科考：南极长城站区生态环境演变研究，南极法尔兹半岛生物多样性调查，南极冰藻群落采集和分类研究，长城站GPS联测，地震台建设，长城站气象常规观测。

中山站度夏队：初步完成中山站大气本底观测站建设并开始试观测；成功实施臭氧探空与GPS探空的双球同时释放试验；开展冰雪面机器人和小型无人机现场综合实验，南极边界层观测，拉斯曼丘陵地区湖泊沉积采样工作，地质工作，考察队员生理心理的影响研究项目，人工饲养条件下企鹅习性的研究，达尔克冰川监测，拉斯曼1:12500和中山站1:500地形图的点位补测，南极法尔兹半岛生物多样性调查，费尔德斯半岛南侧基础测绘航拍测图工作。

中山站越冬队：南极中山站气象常规观测，南极臭氧观测，地磁与空间环境观测，中日合作高空大气物理观测，重力固体潮观测，GPS常年跟踪站观测，验潮站数据采集。

南大洋科学考察：中加南极观测研究，中美第二期南大洋合作观测和研究实施协议，中美极地合作南大洋碳通量观测研究；国家科技支撑计划课题"南大洋碳循环监测技术及应用研究"，科技部公用平台建设项目课题"极地生物标本库"，国家自然科学基金重点项目"南极普里兹湾水团和环流特征与冰架相互作用过程研究"，国家自然科学基金项目"艾默里冰架前缘冰间湖的成因、变化及冰—海相互作用"，面上基金"南极绕极流多核结构及其时空变化的动力机制研究"，部委支持的"极地海域生物泵运转效率及其物理调控作用的同位素示踪研究"等14项科考项目。全程走航观测。

第二十五次南极科考队

时间 2008年—2009年

队别 长城站度夏队、中山站度夏队、南大洋科学考察

任务 长城站度夏队：长城站及周边地区像片控制点测量（IPY），长城站站区1：500地形图更新（IPY），长城站无人值守GPS跟踪站建立及GPS国际联测，南极长城站区生态环境演变研究（IPY），南极地区电离层观测，长城站地震台维护改造与地微动观测，极地近岸海洋环境监测系统，南极长城站法尔兹半岛生态环境监测与研究（IPY），南极科考队员生物钟基因及若干生物节律检测的研究（IPY），气象常规观测。

中山站度夏队：中山站卫星监测站功能扩展及阵地建设，南极内陆、中山站环境对考察队员生理心理的影响，达尔克冰川运动和拉斯曼丘陵典型湖泊观测，埃默里冰架冰川学考察，南极下降风结构观测，中山站大气成分在线观测，南极普里兹湾海冰浮标布设与海冰物质平衡观测，南极中山站区C、N、S、P循环。

南大洋科学考察：以IPY中国行动计划为主导，围绕中美政府间海洋与渔业合作协定框架下的"南大洋上层海洋的温盐结构及变化的监测和研究"第二期协议、中加南极观测研究、中美极地合作南大洋碳通量观测研究，国家科技支撑计划项目"南极环境变化预测与资源评估技术研究"相关课题，科技部公用平台建设项目课题"极地生物标本库"，国家自然科学基金重点项目"南极普里兹湾水团和环流特征与冰架相互作用过程研究"，国家自然科学基金项目"艾默里冰架前缘冰间湖的成因、变化及冰—海相互作用"，面上基金"南极绕极流多核结构及其时空变化的动力机制研究"，部委支持的"极地海域生物泵运转效率及其物理调控作用的同位素示踪研究"等15项研究工作，完成观测任务。

第二十六次南极科考队

时间 2009年—2010年

任务 继续实施"国际极地年中国行动计划"之科考任务和中国极地"十五"能力建设之长城站和中山站改造项目外，重点进行内陆考察站建设二期项目。

第二十七次南极科考队

时间 2010年—2011年

任务 完成31项站区科学考察和南大洋常规科学考察及25项后勤保障任务，镌刻有胡锦涛同志题写的"中国南极昆仑站"站名的昆仑玉碑成功矗立于南极内陆冰穹A之巅；在圆满完成计划任务的基础上，还超额完成10余项中山站区建设项目，并两次进入内陆210公里布放油料和装备，为后续考察创造了有利条件；"雪龙"号船创造了首次直接抵近南极大陆冰盖作业、选定新的冰盖登陆点、直升机从"雪龙"号船舱盖吊运物资，以及在南极夏末冬初通过海冰卸运重型装备的多项新纪录。

第二十八次南极科考队

时间 2011年—2012年

队别 长城站越冬队、中山站越冬队

任务 本航次首次开展环境综合考察专项调查，并在南极半岛东部海区作业40个站位；除常规科考任务外，在长城站完成能力建设储油罐续建项目；在中山站实施科学考察项目的同时，全面推进"十一五"能力建设工程；在昆仑站实施科学考察项目和建站二期工程任务。

第二十九次南极科考队

时间 2012年—2013年

任务 长城站队员完成生物、生态、地质、地球物理等11项度夏科考和后勤保障任务；中山站队员完成生态环境、冰川、机器人、地质和地球物理等5项度夏科考和风力、太阳能发电新能源微网建设，新发电栋和新宿舍楼封顶等后勤保障和工程建设等任务；昆仑站队员内陆冰盖考察；大洋队普里兹湾海域综合考察；中山

站至昆仑站之间、南极罗斯海区域和毛德皇后地的新建站选址调研工作，初步选定新建站址的位置。

第三十次南极科考队

时间　2013年—2014年

任务　第30次南极科学考察坚持安全第一、保障重点、统筹兼顾三项基本原则。确保完成伊丽莎白公主地内陆夏季站主体建筑工程建设任务，开展维多利亚地常年站工程地勘，全面实施国家极地专项，继续推进国家极地考察能力建设在建项目，实施履行国际公约相关项目等重点任务，兼顾完成南极考察后勤保障任务。执行科学考察任务30项（含专项11项），其中长城站15项（含专项3项、越冬2项），中山站7项（含专项2项，越冬5项），南大洋5项（全部为专项），格罗夫山1项（专项），随船科考项目2项。除常规任务外，南极后勤保障以及工程建设项目15项，其中长城站6项，中山站8项，伊丽莎白公主地内陆夏季站1项。

感谢

曲探宙　翟亚娜　高伟明　夏立民

韩彦佶　汪　南　张　林　张建松

赵　宁　徐小龙　韩惠军　查恩来

国家海洋局宣传教育中心

国家海洋局极地考察办公室

国家海洋环境预报中心

中国极地研究中心

国家海洋局南海分局

中国海洋报社

BINGHAI
RONGGUANG

冰海荣光

"雪龙"号船南极救援脱困全纪录

XUELONGHAOCHUAN
NANJI JIUYUAN
TUOKUN QUANJILU